Mettre les pervers échec et mat

Hélène Vecchiali

Mettre les pervers échec et mat

MARABOUT

Les pervers n'ont jamais honte puisque, pour eux, l'autre n'existe pas, c'est un pantin qui n'est là que pour leur propre plaisir.

BORIS CYRULNIK

Mieux vaut allumer une bougie que maudire les ténèbres.

Lao-Tseu, repris par Mère Teresa

Préambule

Alexandre sonne à la porte des Mercier. Il est 21h50 ce lundi soir. Le dîner était prévu à 19h30 pour permettre à chacun, en ce début de semaine, de se coucher tôt. Brigitte l'accueille avec un sourire forcé : « Bonsoir ! Eh bien, cette fois nous sommes au complet, si tu le veux bien nous allons tout de suite passer à table, nous n'attendions plus que toi. » Alexandre pénètre dans le salon, énonce un joyeux et bruyant « Salut tout le monde ! », néglige les neuf paires d'yeux agacés braqués sur lui et, se tournant vers la maîtresse de maison, prend un faux air suppliant : « Ma Brigitte chérie adorée, j'aurais quand même droit à un petit whisky, tu sais bien que c'est mon péché mignon… » Sidérée, Brigitte s'exécute pourtant avec un : « Bon, alors vite, vite… »

Pendant que celle-ci s'affaire autour du bar, il lui explique : « Je suis venu les mains vides, car sur mon chemin, il n'y avait que des fleuristes. » Balayant du regard les deux bouquets encore emballés posés sur la table basse, à l'évidence cadeaux des invités, il ajoute avec dédain : « Reconnais avec moi que les fleurs, c'est d'un banal ! » Devant les autres convives offusqués, il poursuit : « Tu mérites quand même mieux que ça ! N'est-ce pas, Louis ? Je suis sûr que c'est pour cette raison que tu n'en offres jamais à ta femme. » En lui donnant son whisky, Brigitte rebondit immédiatement : « C'est ça, trouve-lui des excuses… » Se tournant vers son époux, elle grommelle : « Pour ta gouverne, Louis, sache que je veux bien accepter l'offense d'une fleur de temps en temps. Bon, et maintenant à table ! »

Les invités commencent à s'extraire de leur fauteuil avec des mines crispées lorsqu'ils entendent – abasourdis – le retardataire s'exclamer: «Bien, allons manger, mais tu as intérêt à ce que ce soit bon, je meurs de faim, je n'ai même pas eu droit à un minuscule bol de cacahuètes avec mon apéro; décidément, l'hospitalité n'est plus ce qu'elle était ici!» Puis, percevant la perplexité de Brigitte, il lui susurre à l'oreille: «Je plaisante, je sais bien que tu es la meilleure cuisinière de tout Paris…» L'hôtesse fond aussitôt de bonheur. Mais Alexandre poursuit alors d'une voix brusquement sévère: «Tu ne peux pas ne pas me dire que tu ne le sais pas?» Brigitte fronce les sourcils, se sent mal à l'aise et s'éclipse dans la cuisine, laissant à son mari le soin de placer ce petit monde complètement déstabilisé. Louis met lui-même un bon moment avant de reprendre son rôle d'hôte, et son «À table, à table!» reste un temps sans effet…

Cette saynète illustre quelques-uns des stratagèmes utilisés conjointement et avec brio par cet incroyable individu qu'est Alexandre. Pour l'instant, le scénario est assez léger, mais nous pouvons déjà repérer certains comportements pervers: l'audace d'un retard éhonté vécu par Alexandre sans culpabilité et avec jubilation; son arrogante capacité à repousser encore le dîner en réclamant un apéritif; son exigence incongrue qui incite l'hôtesse, décontenancée, à le satisfaire contre tout bon sens; le mépris clairement énoncé envers les cadeaux des autres invités, mais sans s'adresser directement aux intéressés, ce qui exclut toute riposte; la sournoiserie consistant à défendre le mari qui n'offre pas de fleurs pour que sa femme l'attaque; la culpabilisation de Brigitte sur sa prétendue inhospitalité, reproche aussitôt suivi d'un compliment dans son domaine de prédilection – l'art culinaire ; puis au moment où Brigitte jubile, ton subitement rude d'Alexandre pour lui asséner une phrase alambiquée et donc déstabilisante.

En quelques minutes, toutes les personnes présentes à cette soirée ont été subjuguées et exaspérées par cet individu qui a réussi à monopoliser l'attention générale, à agresser négligemment chacun, à semer le trouble chez ses hôtes et à s'autoriser certains comportements d'enfant gâté capricieux que, secrètement, nous rêverions quelquefois d'adopter ! Individu qui, soyons en sûrs, fera encore longtemps « parler de lui dans les chaumières » de tous ces protagonistes.

Cela suffit-il, cependant, pour coller avec certitude à Alexandre l'étiquette de « pervers moral » ? La réponse est non, contre toute évidence. Il est primordial d'insister sur ce point, l'emploi de ce terme si catégorique nécessite la plus grande prudence et l'accumulation d'autres critères encore, que nous détaillerons plus loin. De prime abord, on peut simplement trouver cet Alexandre arrogant, provocateur, capricieux, excessif, irritant, comédien, manipulateur, ironique et capable d'utiliser des procédés malveillants : autant de traits communs aussi aux pervers. C'est seulement lorsqu'on pénètre dans sa vie de couple, beaucoup moins désinvolte, que le couperet tombe sans appel : Alexandre est bien pervers, ses actions ne sont plus seulement abusives, elles sont intentionnellement destructrices.

Maryse, sa compagne depuis trois ans, supporte de plus en plus difficilement les tortures morales qu'il lui inflige. Pourtant, tout avait bien commencé pour elle. À quarante-huit ans, elle s'était émerveillée d'avoir su séduire ce magnifique jeune homme de douze ans son cadet. Elle qui vivait péniblement sa maturité, sous des dehors néanmoins enjoués, avait fini par croire aux propos rassurants d'Alexandre. Sur un petit nuage, elle avait bu les paroles de son compagnon vantant sa jeunesse de cœur, sa peau soyeuse, ses gestes élégants, son visage si juvénile, bref, lui témoignant qu'« elle ne faisait vraiment pas son âge ». Jour après jour, il avait tissé une toile mielleuse dans laquelle Maryse, heureuse d'y être prise, se sentait rajeunir.

Alexandre avait également veillé à la mettre en position de sauveur : « Sans toi, je ne peux plus vivre, tu es mon rempart contre le monde qui me fait peur, ta joie de vivre – malgré ton obsession de la vieillesse – me porte. » Ils avaient rapidement décidé d'habiter ensemble et, tout aussi rapidement, elle s'était éloignée de ses amis. Alexandre l'avait convaincue : « Tous ces gens de ton âge sont jaloux de toi, ils te tirent vers le bas, moi je t'emmène au sommet de ta beauté. » Puis, perfidement, un travail de sape de moins en moins discret avait été mis en œuvre, avec un isolement qui cette fois touchait sa famille : « Ta mère, disait-il, est âgée et elle te renvoie à tes propres craintes… » Maryse se sentait dominée par cet homme qui avait acquis sa confiance et qui pourtant, dans l'intimité, lui pointait régulièrement, avec une délectation non feinte, son incompétence dans tous ses rôles de femme, de compagne, de mère (de deux étudiantes), de fille, d'amie, de secrétaire… Après l'avoir assouvie en la portant aux nues, il lui renvoyait à présent un portrait d'elle décevant, dans lequel elle ne se reconnaissait pas, mais qui instillait un doute déprimant et troublant ; bref, elle ne valait pas grand-chose, sauf en public où soudain Alexandre vantait ses innombrables qualités.

Maryse était souvent triste; elle voulait pourtant croire qu'Alexandre redeviendrait comme avant. Lui-même entretenait cet espoir: «J'ai des soucis au travail en ce moment, c'est tous des abrutis, ne t'inquiète pas, ça passera.» Puis au fil du temps, il ne cherchait même plus à s'excuser. Les douches écossaises alliant compliments et lourds reproches imprécis se multipliaient, ses sautes d'humeur également, ainsi que ses monologues incohérents suivis de bouderies et de mutismes non justifiés. Les menaces déguisées («méfie-toi, parce que si je voulais…») et d'authentiques chantages («puisque tu me pousses au suicide…») s'intensifiaient. Alexandre devenait plus cinglant, plus méprisant, plus cynique et, surtout, il lui affirmait qu'aucun autre homme jeune ne voudrait d'elle, et encore moins un homme mûr: «Ma pauvre, tu n'as plus le choix à ton âge et, nulle comme tu es, c'est moi ou plus rien!» Et le sourire jouissif qui accompagnait ses propos odieux était lui aussi meurtrier.

Maryse maigrissait, dormait de plus en plus mal, avait de larges cernes sous les yeux avec une mine blanchâtre, allait au travail la boule au ventre et rentrait à la maison la boule au ventre. Au mieux de sa forme, elle se sentait «anesthésiée, en hibernation, dé-temporalisée», disait-elle. Elle se décida à aller voir son médecin. Dans un premier temps, celui-ci s'irrita contre elle: «Elle pourrait bien être un peu masochiste et y trouver son compte, non?» Cependant, devant sa réelle détresse et des signes physiques qui ne trompaient pas, il lui conseilla soit de quitter Alexandre soit d'aller voir un psy…

Elle alla voir un psy. Doucement mais douloureusement, elle repéra surtout une peur panique de la mort, un désamour de soi, une marraine sadique (qui l'avait quasi élevée) et une fuite de ses angoisses dans le sauvetage des autres. Doucement mais heureusement, elle commença à se réconcilier avec elle-même.

Ce fut le soir où Alexandre se fit remarquer à ce fameux dîner que Maryse prit sa décision. Son travail analytique avait suffisamment avancé pour qu'elle réalise l'incongruité d'une dernière insulte. En refusant de l'emmener chez ses amis, son compagnon prétexta avant de s'absenter, avec un sourire narquois : « Mon bébé, tu es trop vieille maintenant pour que je sorte avec toi ! » L'association des mots bébé et vieille la fit rire. Elle constata qu'il n'y avait pas si longtemps elle en aurait pleuré, se morfondant sur son sort le reste de la nuit. Elle n'hésita plus, fit sa valise, laissa un mot sur le bureau d'Alexandre : « Ton vieux bébé te quitte enfin ! » Puis elle débarqua chez une amie avec laquelle elle avait renoué depuis peu.

De retour chez lui, Alexandre découvrit le message de Maryse. Soudain beaucoup moins fringant, il le relut à haute voix une fois, deux fois, puis se mit à hurler dans l'appartement désert. Il eut juste la force d'appeler sa sœur aînée : « Viens vite, Maryse m'a quitté, je vais mourir ! » Celle-ci lui rétorqua sans aucun état d'âme : « C'est la meilleure chose qui puisse t'arriver », et raccrocha… À l'évidence, Alexandre n'avait pas malmené que Maryse, sa sœur avait dû également subir les perversités récurrentes de son petit frère ! On apprit par la suite qu'il était resté enfermé dans le noir durant une semaine, renonçant à manger, à dormir et à travailler. Il a depuis saisi une nouvelle proie, plus jeune que lui cette fois.

En société, à leur travail, en famille et surtout en couple, les pervers comme Alexandre créent un climat délétère dont ils voudraient se nourrir. L'histoire de Maryse nous montre cependant qu'on peut être ébloui par un pervers, puis malmené de façon cruelle et aléatoire, pour finalement trouver la force de quémander de l'aide. S'en sortir enfin, plus solide qu'avant. En laissant son bourreau « échec et mat ».

Introduction

« Mettre les pervers échec et mat » semble un projet utopiste, inconcevable, irréalisable. Et pourtant. Pourtant, dans les réflexions sur ces relations viciées, toxiques, douloureuses, glauques, houleuses, il importe de garder en ligne de mire cette issue certaine : l'effondrement du bourreau, bref ou persistant, lorsque sa proie se dérobe. Tous les témoignages s'accordent sur ce point, le bon sens et la théorie le confirment, les pervers ne peuvent vivre sans leur victime, quel que soit le domaine touché : social, professionnel ou affectif. En effet, n'avoir d'autre projet de vie que jouir de la manipulation et de l'humiliation nécessite un autre que soi. Sans Maryse, Alexandre pense qu'il va mourir.

D'autre part, on oublie trop souvent d'insister sur la qualité des victimes. Leur rendre hommage, les encourager, est presque inhabituel. Certains vont parfois jusqu'à affirmer sans sourciller que, dans le fond, elles tirent un plaisir malsain de leur esclavage. Si elles ont attiré un pervers, n'est-ce pas parce qu'elles portent en elles quelque chose d'obscur ? Pire, ou presque : parce que leur crédulité et leur confiance initiale frôlent le manque d'intelligence ? Or, pour reprendre la métaphore de notre titre, les pervers ne se réjouissent de jouer aux échecs qu'avec des partenaires de qualité. Autre métaphore : les pervers-vampires ne choisissent pas leurs proies au hasard. Ils n'auraient que faire d'un sang putride. Ils ont soif d'un sang « champagnisé », le seul qui coule dans les veines de personnes pétillantes, au goût éclatant pour le bonheur. Ces dernières présentent certes une carence que les pervers ont repérée et dans laquelle ils se font un plaisir de s'engouffrer pour l'élargir à l'infini ; mais cela n'enlève rien à la valeur de leurs prises. Maryse s'est montrée dès le début de son histoire une amoureuse très enjouée, malgré certaines angoisses, puis elle a eu le courage, salutaire, d'une remise en question pourtant lourde à entamer. C'est le cas de nombre de ces personnes ainsi maltraitées, qui sortent grandies de ces expériences insupportables, donnant alors raison à la célèbre affirmation de Nietzsche : « Ce qui ne nous tue pas nous rend plus fort. »

Ces premières mises au point énoncées, une autre s'impose : la nécessité de dissocier les termes de l'expression « pervers narcissique », dont l'assemblage – pourtant approprié – a enclenché une vulgarisation qui en a pollué l'analyse et la compréhension. À tort, on a donné le même nom à des affections dissemblables. Il existe en fait deux pathologies distinctes auxquelles sont attribués, par conséquent, deux qualificatifs psychiatriques : « pervers » et « narcissiques ». Comme tous deux sont *narcissiques*, au sens courant et en tant qu'adjectif, la dénomination « pervers *narcissiques* » se justifierait, à condition d'employer « narcissiques *narcissiques* » pour l'autre catégorie ! Ce qui ajouterait à la confusion. Pour notre part, nous aurons recours au mot *pervers* seul et nous travaillerons uniquement sur ce groupe, non sans l'avoir distingué de celui des « narcissiques ». Les deux comptent certes d'innombrables traits communs – notamment le *narcissisme* –, cependant au moins une spécificité de taille les sépare : le sort qu'ils réservent à leurs victimes. Les pervers veulent les anéantir, mais graduellement ; les narcissiques, eux, se contentent de les délaisser une fois utilisées, souvent jusqu'à l'usure, pour leur propre gloire.

Afin de mieux comprendre comment se joue cette partie tragique entre le pervers et sa proie, nous ne différencierons pas seulement les « pervers » des « narcissiques », nous situerons aussi ces deux groupes par rapport à la norme et à la folie, et par rapport aux victimes.

Ces définitions établies, nous pourrons alors décomposer la stratégie perverse et détricoter son écheveau insensé pour en classifier chaque élément. Mettre des « mots » sur les « maux » éloigne les émotions et permet de s'approprier les faits. Contenir les émotions et les faits, les analyser rationnellement… autant d'étapes indispensables avant de pouvoir s'en libérer. Mais face à la stratégie perverse, ce n'est pas suffisant ! Devant ce magma protéiforme, mélange confus d'objectifs nocifs divers où tout s'enchevêtre, il faut regrouper ces mots en ensembles théoriques, désigner en les rassemblant les diverses techniques, puis nommer de façon juste et précise chacun des actes, petits ou grands, qui composent ces techniques disparates. Trier, classer, cadrer et encadrer pour rendre cohérent et net ce qui est absurde et équivoque.

Car pour aliéner sa conquête, cet être maléfique emploie, à l'insu de celle-ci, des procédés qui relèvent d'au moins quatre théories singulières déployées simultanément (alors qu'une seule serait déjà suffisante !), empruntées aux champs de la psychologie ou, plus choquant, de la thérapie. Et là où un futur thérapeute s'approprie l'un de ces processus après plusieurs années d'études, le pervers, lui, les applique d'instinct avec habileté et maestria, sans l'ombre d'un apprentissage et, de surcroît, tous en même temps ! À cela s'ajoute un dédale d'actes raffinés, imbriqués et ramifiés. Ces procédés sont imperceptibles et souterrains, un peu comme les images subliminales glissées dans les publicités.

Leurs conséquences, elles, sont bien visibles. On ne dit d'ailleurs pas assez combien le mal-être physique précède l'emprise morale. Effectivement, si les victimes restent longtemps dans le refus ou le déni de leur emprisonnement psychique, leur corps, en revanche, affirme très tôt un mal-être croissant en développant des pathologies de plus en plus marquées. On le perçoit avec Maryse qui consulte son médecin pour des causes médicales. Elle ne se rend pas directement chez un psy : c'est son corps qui l'alerte bien avant qu'elle ne reconnaisse sa détresse morale.

Le repérage des symptômes physiques est donc crucial, en ce qu'il permet d'affaiblir cette lourde domination. Il s'agit de l'étape initiale vers la guérison. Guérison de la victime uniquement, car pour le bourreau, les jeux sont faits… sauf miracle. Cependant, avant de s'affranchir, la victime doit dépasser cette période déconcertante, cette relation chaotique. Pour faire subir un « échec et mat » au roi-pervers, elle a un long chemin à parcourir. Après la phase idyllique mise en scène par le pervers, comment endurer la descente aux enfers qui s'ensuit ? Comment se libérer de la nostalgie d'un paradis à jamais perdu, et pourtant sans cesse repromis ? Prendre conscience de cette situation périlleuse, perçue comme avilissante, est long et délicat. Mais ensuite, quelles sont les contre-techniques envisageables ?

Notons qu'il s'agit ici de perversions morales (appelées également « perversions de caractère ») et non sexuelles, même si, dans certains cas, la sexualité peut être un outil de dégradation et d'humiliation dans ce type de relation. Les véritables perversions sexuelles (qui étaient d'ailleurs les seules perversions reconnues et classées avant le XXe siècle), comme le sadisme, le masochisme, l'exhibitionnisme, le voyeurisme, le fétichisme, ne sont pas le sujet de ce livre. Certes, la perversion sexuelle apparaît plus souvent dans l'actualité : affaires de pédophilie, incestes, pornographie, tournantes, tourisme sexuel, etc., mais on est loin alors de la perversité morale. Celle-ci sévit dans l'intimité de la victime, discrètement, perfidement, même s'il arrive, surtout dans le monde du travail, que des témoins soient convoqués, voire impliqués, mais sans y comprendre grand-chose.

Signalons également que nous n'examinerons pas le problème de la violence physique : les pervers « purs » sont assez malins pour ne laisser aucune trace visible, leur travail de démolition ne se fait pas de manière frontale, mais de façon fourbe, sournoise, c'est une violence immaculée où le crime psychique est parfait. Surtout au sein des couples, sur lesquels nous focaliserons notre étude. Nous aborderons quand même, çà et là, le monde du travail, où les victimes ne sont ni moins nombreuses ni moins en souffrance, cependant elles y sont moins longtemps exposées (les arrêts maladie pouvant les préserver temporairement ou la démission, définitivement). Dans le monde professionnel, il s'agit plus souvent d'un harcèlement que d'une véritable rencontre avec un pervers moral, harcèlement inadmissible, bien sûr, mais de plus en plus repérable par des directions des ressources humaines en éveil. Enfin, les victimes arrivent d'ordinaire à se solidariser, comme cela a été le cas dans une entreprise de textile du Morbihan, en janvier 1997. Quatre-vingts ouvrières ont cessé le travail pour qu'on leur accorde le « droit au respect ». Elles ont ainsi obtenu le licenciement de leur directeur technique, qui les harcelait et les humiliait.

D'autre part, pour faciliter une lecture évitant le répétitif « il ou elle », *pervers* est utilisé ici au masculin et *victime* au féminin. Les femmes ne sont pas exemptes de ce symptôme, mais les statistiques indiquent un pourcentage plus élevé de pervers chez les hommes. Le psychiatre et psychanalyste Philippe Van Meerbeeck affirme même que « neuf pervers sur dix sont des hommes[1] ». Ce que nous tenterons d'expliquer après avoir dépeint les personnalités féminines et masculines telles que définies par la psychologie, plus enjouées pour les unes et plus introvertis pour les autres (n'hésitons pas à répéter que toute généralité présente des exceptions). Enfin, les témoignages d'hommes meurtris par des femmes perverses sont rares : leur honte est trop forte. Nous avons quand même pu en recueillir quelques-uns.

Clarifier les bases psychologiques des protagonistes de ce jeu tragique et découvrir comment le pervers impose ses propres règles, voilà les fondamentaux pour éclairer la victime. Celle-ci, face à un adversaire ayant toujours plusieurs coups d'avance, n'aura d'autre choix que d'abandonner l'échiquier afin de se libérer. Rappelons qu'il s'agira de s'extraire d'un carcan où il n'est pas question de « conflit », de « désaccord », mais bien de « délit », d'« infraction ».

---

1. Philippe Van Meerbeeck, *L'Infamille ou la Perversion du lien*, De Boeck, 2003, p. 32.

Alors vient, pour la proie, le temps de guérir, une fois la leçon apprise – à ses dépens –, le cœur en voie de cicatrisation. Alors viendra, pour le pervers, le temps de se voir infliger un mat dont il ne se relèvera pas… jusqu'à sa prochaine partie.

1

Le jeu d'échecs : les bases psychologiques

Pour appréhender la tragédie qui se déroule entre le pervers et sa proie, il est nécessaire de décortiquer leur personnalité, d'énoncer ce qui fonde tout individu et de démêler ce qui différencie le « normal » du « pathologique ».

Pour cela, commençons par définir de façon juste et claire les termes que l'on rencontre dès qu'il est question de « pervers ». *Manipulateur*, *harceleur*, *persécuteur*, *pervers*, *narcissique* et *pervers narcissique* sont-ils similaires ? Bien sûr que non. *Manipulateur*, *harceleur* et *persécuteur* désignent des *attitudes* plus fréquentes chez les pervers et chez les narcissiques, mais que nous adoptons tous ponctuellement face à certaines situations inextricables. « Manipuler » nous permet d'obtenir gain de cause avec un soupçon de pression ou de menace : « Si vous ne me remboursez pas immédiatement, j'appelle votre chef ! » ; « harceler » est fréquent pour, par exemple, avoir enfin son transfert de ligne téléphonique ; « persécuter » son petit ami qui a rompu, pour tenter de renouer le lien, peut se concevoir. Ces actions, conscientes ou non, et aussi pénibles qu'elles soient, ne caractérisent cependant pas les individus de façon définitive. Elles peuvent s'interrompre si nous le décidons.

Ce sont avant tout pour nous des *moyens* d'aboutir à ce que nous souhaitons. Pour les pervers, la manipulation et le harcèlement ne sont pas des *moyens*, mais leur *but*, leur unique but !

En revanche, « pervers » et « narcissiques » (nous les distinguerons plus loin) ne peuvent stopper ces agissements continus et réflexes, car ils sont irrépressibles. Ces deux groupes ont pourtant des profils pathologiques organisés, c'est-à-dire que leurs comportements, leurs modes relationnels, leur caractère sont inadaptés mais repérables, car répétitifs, ce qui permet de les identifier et de les classer. Ceux qui ont ces profils en sont le plus souvent inconscients et, pour ce qui est des pervers, ces aspects sont constants et quasi incurables. Les savoir « malades » et pouvoir mesurer l'intensité de leurs symptômes rassure les personnes confrontées à ces êtres singuliers et nocifs ; elles peuvent penser : « J'avais de bonnes raisons d'être si malheureuse et de partir, je ne suis donc pas folle ! » Décrire ces individus malfaisants comme « malades », ce n'est pas les excuser ! Mais cela favorise pour leur entourage une prise de recul objective, amorce des pistes de compréhension et met du sens dans l'absurde. Positionner, en particulier, la « maladie » des pervers par rapport à la normalité permet d'accéder à leurs agissements avec une distance supplémentaire. Ce regard médical, quasi chirurgical, soulage : les pervers soumis au microscope deviennent soudain moins terrifiants ! Moins terrifiants pour les victimes dont, bien sûr, nous analyserons aussi la personnalité.

Pour distinguer le « normal » du « pathologique »

Les définitions qui suivent se veulent simples. Elles sont donc légèrement caricaturales. Elles ont cependant le mérite de clarifier ce qui semble inclarifiable, de situer l'« insituable » : le sujet pervers.

Nous éviterons d'entrer dans des discussions développant les points de vue opposés des uns et des autres sur le « normal » et le « pathologique », la structure et la personnalité, le caractère et le symptôme... Aussi riches que soient ces considérations, ce qui nous intéresse ici est simplement d'avoir un regard clair et précis afin de positionner les partenaires de ce jeu morbide, regard que partage la majorité des thérapeutes. Tentons quand même une définition de bon sens pour décrire la « normalité » : une personne « normale » est quelqu'un qui possède un bon fonctionnement intérieur (capacité à faire face à ses conflits) et extérieur (capacité à bien gérer ses relations aux autres et à s'insérer dans la société) ; c'est donc une personne qui s'adapte correctement à elle-même et aux autres.

Entrons à présent dans la classification des individus par rapport à cette norme. Afin de permettre aux praticiens et aux chercheurs d'homogénéiser leurs diagnostics et leurs communications, les individus ont été regroupés selon le fonctionnement de leur esprit, leur intelligence et leur affectivité. Cette classification des organisations psychiques distingue deux structures stables : la structure névrotique et la structure psychotique. Entre les deux se trouve une zone frontière qui comporte au moins deux structures instables : la structure perverse et la structure narcissique. Le tableau ci-après se veut synthétique et éclairant : remarquons les pointillés entre les structures pour signifier que des passerelles existent, que tout n'est pas figé de façon immuable et que de possibles incursions peuvent se produire entre ces territoires.

Mais qu'est-ce qu'une structure ? C'est l'organisation interne de notre personnalité, l'agencement des différents éléments qui constituent notre vie mentale. C'est ce qui spécifie notre « ADN psychique », la manière dont nous fonctionnons de façon consciente et inconsciente, dans notre vie affective, sexuelle, intellectuelle et sociale.

Avant de différencier plus loin les pervers des narcissiques, rappelons les fondamentaux de la structure névrotique et de la structure psychotique.

Classement des structures psychiques

	Structures névrotiques	États limites	Structures psychotiques
Normalité ou pathologie	Structure stable de la normalité	Structure instable pathologique	Structure stable pathologique
Bascules dans la maladie	Névrose hystérique Névrose obsessionnelle Névrose d'angoisse Phobie	Perversité Narcissisme Toxicomanies	Paranoïa Schizophrénie Mélancolie Manie

	Structures névrotiques	États limites	Structures psychotiques
Questionnement	Sur l'amour	Sur l'angoisse et la jouissance	Sur l'identité
Conflit	Interne (entre plaisir et réalité)	Externe (avec les autres)	Interne/externe (soi/les autres)
Relation à l'autre	Rencontre sexuée	Dépendance	Fusion
Angoisse	Peur de transgresser	Peur de l'abandon	Peur du morcellement
Système de défense	Refoulement	Passage à l'acte, déni	Forclusion, délire
Rapport à la réalité	Pas de perte de la réalité	Perte de la réalité	Perte de la réalité
Pensée	Créatrice	Stratégique	Confuse
Sentiments	Amour/haine	Absence de sentiments	Persécution, repli sur soi
Conscience de soi	Conscience de sa maladie	Non-conscience de sa maladie	Non-conscience de sa maladie

Qu'est-ce qu'une structure névrotique ?

Contrairement à ce que laisse croire l'opinion courante, une personne présentant une structure névrotique est « équilibrée », avec un bon fonctionnement intérieur et extérieur. C'est-à-dire qu'elle arrive tant bien que mal à maintenir un « équilibre » entre ses désirs et la réalité, entre ses pulsions et ses interdits, entre ses amours et ses haines. C'est seulement lorsque surviennent des dérapages, des dérives, des conflits internes ingérables qu'elle bascule dans le champ de la maladie. Autrement dit, un individu doté d'une structure névrotique est comme vous et moi : il a vécu une construction normale de son identité, de l'idée qu'il se fait de lui-même. Cela commence par la « digestion » de la séparation originelle d'avec notre génitrice, séparation physique puis psychique ; notre mère et nous-mêmes ne formons plus un seul être. La conscience de cette perte, de cet abandon, de cette coupure, de cette rupture est la base de notre unicité, de notre individuation, de notre être. Cela nous fonde et nous prépare à nos futurs deuils.

Cette personne « normale » est donc une personne ordinaire qui a intégré la Loi, c'est-à-dire l'existence d'interdits, de règles sociales. C'est la mère qui laisse le père incarner cette Loi (« loi du père » pour Freud, loi du « nom-du-père » pour Lacan), en imposant la toute première des lois, d'après Freud, l'interdit de l'inceste : « Ta mère m'appartient et tu ne peux la posséder. » Le père impose ici à l'enfant une limite, une séparation (il n'est plus « fusionné » à sa mère et son « je » advient), il nous initie de la sorte au trois : « maman, papa, moi ».

Dans les faits, l'affaire Dutroux donne une effroyable démonstration de la véracité de cette théorie : « Marc Dutroux, avec ses frères et son père, a intenté un procès à sa mère pour inceste ; à trente ans, l'un de ses frères est allé dans le lit de sa mère et s'est suicidé. C'est elle-même qui l'a écrit dans un grand quotidien[1].» En 2004, Marc Dutroux a été reconnu coupable d'assassinats, de viols sur mineurs, de séquestrations, d'association de malfaiteurs et de trafic de drogue…

Une personne « normale » admet donc que l'autre existe et que, de ce fait, ses propres désirs ne peuvent être tous assouvis. Face à ses pulsions censurées, ressentant une frustration, elle a recours à des mécanismes de défense pour l'endurer. Comme exemples de ces mécanismes, on peut citer :

- Le refoulement, opération par laquelle le sujet cherche à repousser ou à maintenir des tensions psychiques internes : « Je ne me souviens même plus d'avoir été attiré par ma cousine. »
- La rationalisation, s'inventer une bonne excuse alors qu'on s'est à l'évidence trompé : « J'ai fait exprès d'arriver en retard », alors qu'en réalité on avait omis de faire sonner son réveil.
- La projection, rejeter ses propres torts sur l'autre : « C'est ta faute si j'ai oublié mes clés, tu n'arrêtais pas de me parler en sortant de la maison. »
- La compensation, s'oublier en surinvestissant une compétence : « Je suis malheureuse en couple, alors je vais de plus en plus souvent à mon club de photo. »

Il existe deux structures névrotiques : la structure hystérique, sur laquelle nous reviendrons (structure généralement féminine, avec des exceptions de plus en plus nombreuses), et

1. Philippe VAN MEERBEECK, *op. cit.*, p. 97.

la structure obsessionnelle (structure généralement masculine, avec également des exceptions).

Pour mémoire, le mot *hystérie* a pour origine *hyster*, qui désigne la « matrice », l'« utérus ». Voilà pourquoi ce terme a été retenu au XIXe siècle pour désigner cette structure le plus souvent féminine. Cette racine se retrouve d'ailleurs dans de nombreux termes médicaux « féminins » : *hystérectomie*, *hystérographie*. Quant à la structure obsessionnelle, elle est le plus souvent masculine, car elle repose sur une haine inconsciente envers le rival, le père, amoureux lui aussi de la mère. Cette pulsion de haine, jugée trop diabolique, car incontrôlable, oblige le sujet à se dominer constamment, ce qu'il fait grâce à un juge sévère, un censeur rigide : son « surmoi ».

Cette répartition des deux structures entre féminin et masculin, même s'il ne faut pas l'interpréter de façon rigide et déterministe, explique sans doute pourquoi il y a une majorité de victimes féminines. Il y a un côté débridé, érotisé et parfois joyeux dans l'hystérie, qui n'apparaît pas chez un sujet maîtrisant sans arrêt ses pulsions, ses émotions, ses sentiments. Le pervers préférera exercer sa cruauté sur cette féminité extravertie plutôt que sur une masculinité plus réservée : éteindre une joie de vivre est plus excitant pour lui que s'en prendre à quelqu'un de contrôlé, d'inhibé, implacable envers lui-même, au désir coupable.

A priori, il faut le répéter, ces deux structures névrotiques ne sont pas pathologiques, elles sont saines. Il faut les voir comme des lignes directrices qui influent sur nos choix et nos comportements, aussi bien positifs que négatifs. En revanche, elles peuvent quelquefois basculer dans la pathologie : on parle alors de « décompensation ». Nous pouvons, de façon ponctuelle ou définitive, tomber dans la « névrose » en raison d'une incapacité plus ou moins longue à gérer un conflit interne entre nos désirs et nos interdits (citons comme exemples très simples : aimer son frère ou haïr sa mère). Cette décompensation se traduit par des troubles de l'affectivité et de l'émotivité, mais le malade, bien que débordé, garde ses fonctions mentales intactes. Le sujet demeure conscient de sa souffrance psychique autant que physique et *reste dans la réalité. Il est donc accessible à une thérapie.*

Pour ces deux structures normales, on peut citer comme cas de bascules dans la maladie :

- La névrose hystérique : des douleurs sans aucune origine organique (cela porte le nom de « conversion »), qui sont la transposition dans le corps d'un problème affectif inconscient (exemple : migraines invalidantes sans aucune raison médicale), ou bien des phobies où l'angoisse interne est déplacée sur un objet externe (exemple : la peur panique des araignées).
- La névrose obsessionnelle : des troubles obsessionnels compulsifs (TOC) qui regroupent des pensées obsédantes entraînant des rituels irrationnels, répétitifs, envahissants et précis (exemple : lavage des mains jusqu'à trente fois par jour).

Qu'est-ce qu'une structure psychotique ?

Quelqu'un possédant une structure psychotique a l'apparence d'un sujet à la structure névrotique, jusqu'à ce qu'il tombe dans la maladie. Cette « décompensation » s'effectue sous la forme de psychoses. Les plus connues sont la schizophrénie et la paranoïa. Aujourd'hui, ces psychoses sont de mieux en mieux accompagnées thérapeutiquement et le qualificatif de « fou », autrefois courant, devient inconcevable pour beaucoup de ces malades, capables de vivre de façon adaptée.

Dans ces psychoses, le patient ne fait plus complètement la distinction entre soi et l'autre. Enfant, l'étape du « stade du miroir » n'a pas été vécue correctement. Ce « stade du miroir » est décrit par de nombreux psychologues et psychanalystes, tels Wallon, Zazzo, Dolto, Klein, Winnicott ou surtout Lacan[1]. C'est une période progressive pendant laquelle le bébé, à environ sept mois, découvre dans la glace, en présence d'un adulte – généralement sa mère –, qu'il est distinct de l'autre, que son corps lui est propre. Sans ce passage, le sujet, en grandissant, a le sentiment que l'autre détient une partie de lui, ce qui engendre des frayeurs de morcellement (« des morceaux de moi ne m'appartiennent pas »), de dissociation (« je suis désuni »), d'abandon (« si l'autre part, il s'en va avec les parties de moi qui sont en lui »).

Par ailleurs, comme il n'a pas intégré la Loi, les interdits, il éprouve des difficultés relationnelles, des problèmes de communication, car ce sont les règles sociales qui rendent la relation avec les autres possible et fluide. Il perd le contact

1. Jacques Lacan, « Le stade du miroir comme formateur de la fonction du Je telle qu'elle nous est révélée dans l'expérience psychanalytique », *Revue française de psychanalyse*, 1949.

avec le réel, par conséquent avec lui-même. On note souvent une absence de conscience de son état morbide ou encore la possibilité de délires pour tenter de se construire une nouvelle réalité (délire auditif : « Dieu me dicte ma conduite par l'intermédiaire de la radio »). Le sujet est difficilement accessible à une thérapie, pour les cas les plus alarmants.

Venons-en maintenant à l'intervalle qui nous préoccupe, entre ces deux structures de base, cette zone frontalière des comportements « borderline », appelés aussi « cas limites » ou « états limites », où se situent les pervers.

Qu'est-ce qu'un état limite ?

C'est la zone frontière entre la névrose et la psychose, entre la « normalité » et la « pathologie ». On pourrait dire qu'un individu dans cet état limite, appelé également individu « borderline », est en apparence socialement adapté, « normal », mais que ses relations affectives sont, elles, altérées, instables, conflictuelles, « folles ». De manière plus technique, nous pourrions énoncer qu'il présente une personnalité névrotique intégrant des dispositions psychotiques. Dans cette zone, la lutte est ininterrompue pour maintenir un narcissisme gigantesque verrouillant un risque dépressif constant : le sujet doit se convaincre en permanence d'être exceptionnel pour masquer la vacuité terrifiante qui le définit.

Concrètement, cet état limite repose sur une angoisse d'abandon et se manifeste par une insécurité interne incessante. Comme nous le détaillerons avec les pervers et les narcissiques, la personnalité ici n'est pas solide, pas bien construite, avec une confiance en soi insuffisante, ce qui induit une peur de ses propres réactions et de celles de toutes les personnes rencontrées. Une des modalités défensives, c'est-à-dire une des façons de ne pas ressentir ces peurs, est de passer à l'acte comme décharge de l'anxiété, d'agir mais sans penser, d'agir en agressant les autres ou soi-même. La relation émotionnelle de l'individu avec le monde externe et son monde interne est donc appauvrie ou absente, vide, ennuyeuse. La personne fonctionne sur un mode autistique de repli sur soi, elle s'isole même en présence des autres, qui lui paraissent étranges et étrangers. C'est bien le vide intérieur de son compagnon qu'expose Valérie ci-dessous :

> *Valérie, jeune veuve de trente-deux ans et mère de deux enfants, vit depuis trois ans avec Bernard, un homme de quarante et un ans :*
>
> *« Lorsqu'il était à la maison et qu'il ne s'en prenait pas à moi, il se suffisait à lui-même, il vivait souvent dans son coin, il avait son monde, m'ignorait complètement, mais paraissait si triste et si absent même à lui-même. Alors, moi qui étais d'un naturel plutôt gai, j'étais joyeuse pour deux !*
>
> *» Prise isolément, cette anecdote n'est bien sûr pas significative d'un comportement pervers, mais ajoutée à toutes les autres, c'est beaucoup, beaucoup trop ! De nombreux détails, pris séparément, vont ainsi vous paraître anodins, mais la multiplicité et l'ensemble de ces processus visaient tous mon écrasement. »*

Nous aurons l'occasion de retrouver Valérie tout au long de cet ouvrage, de même que les « détails » dans lesquels se cache son diable de compagnon.

Ces personnes « états limites » peuvent néanmoins se comporter extérieurement comme des êtres normaux, qui manqueraient seulement d'authenticité.

RÉSUMÉ

Quelles différences entre les gens « normaux » et les gens « pathologiques » ?

1. Classement psychologique des individus, trois groupes :

• Le groupe des individus à structure névrotique (la norme) : groupe dans lequel se situent les victimes.

• Le groupe des individus à structure psychotique (la pathologie) : groupe appelé autrefois, à tort, groupe des « fous ».

• Le groupe dans une zone limite instable entre les deux, les individus « borderline », qui comprend, entre autres, les pervers et les narcissiques.

2. Qu'est-ce qu'un individu à structure névrotique ?

• C'est une personne qui arrive à résoudre ses difficultés quotidiennes, les conflits entre ses désirs et la réalité, entre ses pulsions et les interdits ; elle a intégré la Loi et l'existence d'autrui, elle est accessible à une thérapie.

• Lorsque cette personne ne parvient plus à gérer un conflit interne, elle peut basculer dans la pathologie : névrose hystérique ou névrose obsessionnelle.

• Les hystériques peuvent, par exemple, exprimer leur souffrance par des symptômes corporels qui ne sont rattachés à aucune forme organique.

• Les obsessionnels peuvent, par exemple, exprimer leur souffrance par des troubles obsessionnels compulsifs (TOC).

3. Qu'est-ce qu'un individu à structure psychotique ?

• C'est une personne qui peut basculer dans la psychose ; alors, la distinction entre soi et les autres n'est plus claire.

Elle n'a pas intégré correctement la Loi et les interdits, elle peut présenter des délires, une absence de conscience de sa pathologie, une inadaptation au quotidien.

• Citons comme psychoses connues: la schizophrénie, la paranoïa.

4. Qu'est-ce qu'un «état limite»?

• C'est la zone entre la «normalité» et la «folie», où se trouvent les pervers.

• Une personne dans cette zone vit dans un état d'insécurité interne incessant, avec une angoisse d'abandon, une peur d'elle-même et des autres, et, pour gérer ces troubles, elle fuit dans des actes agressifs envers autrui.

• Ces personnalités sont en apparence «normales», socialement adaptées, mais leurs relations affectives sont, elles, altérées, instables, conflictuelles.

Pour distinguer les pervers des narcissiques

La distinction entre structure perverse et structure narcissique ne fait pas l'unanimité dans le monde psychanalytique. Pourtant, les écarts entre les deux apparaissent nettement, en dépit de plusieurs traits communs que nous allons à présent préciser.

Similitudes entre pervers et narcissiques

Il est usuel de surnommer la personne à structure narcissique « petit pervers », soulignant ainsi une certaine similitude entre ces psychismes – « petit pervers », car les conséquences de sa maladie sont moins dommageables pour les autres.

Ces deux groupes ont en commun l'origine de leur maladie, leur vanité d'omnipotence narcissique, c'est-à-dire la conviction extravagante d'être un personnage tout-puissant, et leur lutte commune, inconsciente, pour ne pas chavirer dans cette zone d'aliénation si proche de la leur qu'est la psychose. Le pervers et le narcissique sont érigés sur le déni, l'angoisse, le délire de grandeur, la conception démente des autres, l'obligation vitale de paraître.

Le déni

Le déni est un mode de protection qui est utilisé lorsque quelqu'un refuse d'entrevoir une réalité insupportable ; une partie de cette réalité est alors niée, inconnue, mutilée. Nous y reviendrons en traitant de l'enfance du pervers pour montrer que c'est à partir de son premier déni, refus de la non-toute-puissance absolue de sa mère, que l'enfant bifurque vers son destin pervers : en effet, le déni est une des caractéristiques de la perversité.

Pour bien comprendre ce concept, citons le « déni de grossesse », dont les médias ont beaucoup parlé ces derniers temps, avec cette façon dont certaines femmes nient une évidence pourtant très concrète, annulent une réalité physiologique. Elles ne sont pas des perverses pour autant, mais, par cet exemple, on conçoit que lors de la construction normale d'un individu, ce comportement n'a pas lieu d'être. Une personnalité équilibrée endure les difficultés réelles sans les esquiver, sait que fuir une vérité est aberrant et ne résout rien. Enfin, en cas de problèmes insurmontables, une personne stable demande de l'aide.

Un déni fréquent chez le pervers et le narcissique est celui, absurde, de leurs origines. Ils ne descendent de personne, ne sont les enfants de personne, ne doivent rien à personne : ils sont à l'origine de leur origine… Et l'on retrouve Valérie :

« Bernard refusait de me parler de ses parents et éludait mes questions avec une pirouette qu'il énonçait avec un grand sérieux : "Mes parents n'ont rien à voir avec ma naissance, je suis né de moi-même, retiens-le une fois pour toutes !" »

Ce déni entraîne tous les autres : déni de la mort, du temps qui passe, des conflits internes, du deuil de la fusion avec leur mère, c'est-à-dire du refus d'être définitivement séparé de leur maman. Or, les dénis sont dévastateurs pour ces sujets, car ils sont insensés. Il est donc nécessaire, pour eux, de tout faire pour les ignorer, parce qu'ils génèrent de l'angoisse.

L'angoisse

De ces renoncements non effectués découlent une invasion de leur terreur de la mort et une détresse identitaire, générant une forte sensation d'oppression que Baudelaire, dont nous questionnerons plus loin l'éventuelle perversité, décrit ainsi :

Bientôt nous plongerons dans les froides ténèbres ;
Adieu, vive clarté de nos étés trop courts !
J'entends déjà tomber avec des chocs funèbres
Le bois retentissant sur le pavé des cours.

Tout l'hiver va rentrer dans mon être : colère,
Haine, frissons, horreur, labeur dur et forcé,
Et, comme le soleil dans son enfer polaire,
Mon cœur ne sera plus qu'un bloc rouge et glacé.

J'écoute en frémissant chaque bûche qui tombe ;
L'échafaud qu'on bâtit n'a pas d'écho plus sourd.
Mon esprit est pareil à la tour qui succombe
Sous les coups du bélier infatigable et lourd.

Il me semble, bercé par ce choc monotone,
Qu'on cloue en grande hâte un cercueil quelque part.
Pour qui ? – C'était hier l'été ; voici l'automne !
Ce bruit mystérieux sonne comme un départ.

J'aime de vos longs yeux la lumière verdâtre,
Douce beauté, mais tout aujourd'hui m'est amer,
Et rien, ni votre amour, ni le boudoir, ni l'âtre,
Ne me vaut le soleil rayonnant sur la mer.

Et pourtant aimez-moi, tendre cœur ! soyez mère,
Même pour un ingrat, même pour un méchant ;
Amante ou sœur, soyez la douceur éphémère
D'un glorieux automne ou d'un soleil couchant.

Courte tâche ! La tombe attend ; elle est avide !
Ah ! laissez-moi, mon front posé sur vos genoux,
Goûter, en regrettant l'été blanc et torride,
De l'arrière-saison le rayon jaune et doux[1] *!*

Alors, un pervers, Baudelaire ? S'il exprime une angoisse de mort tellement intense que même l'amour ne peut la dissiper, il n'est pourtant pas pervers, comme on pourrait l'affirmer un peu légèrement. Cela en dit d'ailleurs long sur notre propension à poser rapidement des diagnostics de perversité… Le poète, que nous citerons encore plus loin, a toutefois formulé bon nombre de propos étonnamment lugubres, qui reprennent à la lettre des idées perverses, et pourtant… il ne peut être qualifié de pervers, et encore moins de narcissique (son dégoût de lui-même est immuable). C'est seulement un rebelle, un provocateur, un éternel capricieux inadapté à la vie sociale, qui s'est senti très tôt trahi par sa mère adorée, remariée trop vite – à son goût – après la mort de son père. Par dérision et provocation, il fera tout pour défier son beau-père, Jacques Aupick, ce rival intrusif, officier austère, sans fantaisie. Cependant, si le personnage mis en scène dans son œuvre alterne descente aux enfers et quête insatiable de pureté,

1. Charles Baudelaire, « Chant d'automne », *Les Fleurs du mal*, 1857.

l'homme Baudelaire ne se réjouira jamais des dégâts collatéraux que ses comportements induiront, de l'opprobre et des humiliations que sa famille subira par sa faute, de la souffrance et des désillusions qu'il provoquera chez sa mère et ses maîtresses[1].

Revenons aux angoisses du pervers et du narcissique. Leur système de défense consistera en des passages à l'acte. Il leur faut agir, s'agiter, pour lutter contre la peur du vide, du silence, des ruptures, des pertes, des frustrations. Cette hyperactivité, surtout pour le narcissique, confine à l'addiction (sport, travail, voyages…). Valérie, de nouveau, illustre ces mécanismes :

> *« Je disais que Bernard vivait dans sa bulle, mais ce n'était en aucun cas un doux rêveur. Dans ce monde-là, il y avait une agitation peu commune : il écrivait (je n'ai jamais su quoi) puis jetait ses feuilles avec rage, se levait, marchait en rond, puis triait ses livres, sortait des classeurs, travaillait sur l'ordinateur, parlait seul… Il redoutait l'ennui et il fallait qu'il n'y ait aucun temps mort. »*

Cette fuite en avant tente vainement d'occulter un autre deuil inaccessible : celui de leur toute-puissance.

Le délire de grandeur

Le délire de grandeur, mêlé au délire d'invulnérabilité, commun à ces deux pathologies, est un délire froid, interne, non ostentatoire, un culte du « moi » démesuré, une

1. Henri Troyat, *Baudelaire*, Flammarion, 1994.

dévotion à un « self » grandiose (*self* étant un mot utilisé par les psychanalystes, aussi bien français qu'étrangers, pour désigner « soi-même »). Ce délire résulte de l'accumulation de dénis évoquée plus haut, propre au pervers et au narcissique. Il se transcrit par la certitude de leur supériorité, de leur emprise. Ils se prennent pour Dieu et ne peuvent imaginer un instant que leur proie puisse se rebeller, leur échapper. Ils ignorent que, conçu par eux, ce monde sur lequel ils croient régner en maîtres n'est qu'une création de pacotille, peuplée d'objets et non d'humains.

> *Valérie : « Bernard avait toujours fait mieux que tout le monde, ses études étaient brillantes (ce qui était faux), il était capitaine d'équipe de foot au lycée (ce qui était faux), chef de classe vénéré (ce qui était faux), les gens le craignaient (oui) parce qu'il était le meilleur, pensait-il (en fait, ils le craignaient parce qu'il était pervers). Bien sûr, je n'ai découvert ces mensonges que plus tard, j'ai d'abord été très admirative ! »*

Notons que nous parlons ici d'une pathologie narcissique et non du narcissisme habituel qui soutient tout être humain, à savoir le plaisir d'être aimé, désiré, reconnu, admiré. Le narcissisme est une étape positive du développement, qui nous amène à connaître notre corps, à nous l'approprier (comme dans le « stade du miroir » dont nous parlions plus haut), pour en arriver à reconnaître le corps de l'autre, puis à souhaiter grâce au langage entrer en relation avec cet autre, dont on cherchera l'amour, la reconnaissance, la gratification. C'est en 1909 que Freud évoque pour la première fois ce concept de « narcissisme[1] », faisant référence au mythe de Narcisse, ce jeune homme qui, tombé amoureux de son image, resta de si longues journées à la contempler et à désespérer de pouvoir la capturer qu'il en dépérit. La différence est donc colossale entre « bonne estime de soi » et « obsession de soi ».

C'est Carole cette fois, en couple avec Jacques durant presque onze ans, qui se souvient avec lassitude : « Il répétait que son pays était la planète et qu'il était le roi du monde. Il se vantait d'être au-dessus des autres, qu'il considérait comme des "rats dans la boue". Je le laissais dire, convaincue que j'arriverais à lui insuffler ma vision positive des gens et de la vie. » Carole, jolie quinquagénaire, était dirigeante dans une grande société et avait rencontré Jacques lors d'un cocktail organisé par une société d'événementiel. Le coup de foudre avait été immédiat… de son côté.

La relation à l'autre

Le pervers et le narcissique n'ont pas fait le deuil de leur relation avec leur mère, lien fusionnel qui préside aux premiers instants de la naissance[2]. Ils n'ont pas eu accès à cette étape fondatrice, à ce renoncement nécessaire qui les amène à la prise de conscience salvatrice de leur différen-

---

1. Sigmund Freud, *Pour introduire le narcissisme* (1914), Payot, 2012.
2. La relation à la mère, dans le cadre de la genèse d'une structure perverse, sera expliquée plus loin, aux pages 51-56. Pas de panique ! Tout enfant qui semble avoir une relation fusionnelle avec sa mère ne devient pas pervers ou narcissique !

ciation de leur génitrice : « Maman et moi sommes deux personnes dissociées et non pas une entité confondue ; elle existe de son côté et moi du mien. » Ils vont donc chercher à reproduire cette symbiose perdue, en se servant de quelqu'un, mais en utilisant cet autre comme un instrument, sans jamais le considérer comme un être humain : la symbiose, oui, mais gare à l'abandon ! La solution, pathétique et machiavélique, est donc une fusion qu'ils pensent dominer si l'autre est un « truc » et non une personne. Ils ont gardé de cette tragédie non digérée (et pourtant fondatrice de leur identité propre) deux sentiments contradictoires, la nostalgie et l'appréhension d'une dépendance à l'autre. L'autre ne peut donc être qu'une chose, un objet ; pire, un objet dénué de dignité, de qualités, d'existence propre, d'intensité. Ce n'est même pas un objet entier, encore trop menaçant, ils n'en utilisent que certains morceaux, certains désirs, certaines idées, certains défauts…

Cet outil amputé, méprisable, leur est pourtant in-dis-pen-sa-ble, car c'est un antidépresseur puissant ! Il sert de moyen de défense pour colmater leurs contradictions, faire l'économie d'un travail psychique, c'est-à-dire d'une prise de conscience de leurs problématiques. Il recueille les oppressions que le pervers et le narcissique se doivent d'expulser, sous peine de dépression, ces handicaps, déjà cités, que sont les dénis, les angoisses, les délires, les frayeurs des pertes et des ruptures…

Le pervers et le narcissique sont donc des « expulseurs » qui ont besoin de déverser sur quelqu'un d'autre leurs attentes et leurs terreurs, mais aussi des « introjecteurs ». Ils cherchent en effet vainement à se remplir de la substance et de l'identité de l'autre, à savoir de son équilibre, de sa joie de vivre, de ses désirs, de ses projets… Le psychiatre et criminologue Dominique Barbier parle d'un « rapt d'identité », d'une « convoitise haineuse », suivis d'une « anémie redoutable[1] ». Il s'agit pour eux de tenter d'ingérer toutes ces qualités qui leur manquent cruellement, et ils les désirent d'autant plus qu'ils pressentent qu'elles leur feront toujours défaut. Tels des vampires, morts intérieurement, ils s'imaginent retrouver la vie en suçant le sang des vivants ! Leur comportement avec cette personne-ustensile, « portefaix[2] et nourricier », est addictif. Il s'agit d'une « toxicomanie d'objet[3] » qui les autorise à une addiction à eux-mêmes : le pervers et le narcissique essaient de mettre en mouvement un cercle vicieux d'autosatisfaction et d'autoguérison grâce à ce produit artificiel qui est censé panser leurs blessures. Une solution chimérique et volatile dont l'effet ne dure jamais, ce qui les oblige à répéter perpétuellement les mêmes comportements.

Une amie disait à Valérie : « Mais c'est fabuleux, Bernard ne peut pas te lâcher d'une semelle ! On dirait que tu es le centre de son monde. » En se remémorant cette remarque, Valérie se souvient de son immense fierté d'être – enfin – vitale pour un homme, inconsciente du piège qui se tramait.

---

1. Dominique Barbier, *La Fabrique de l'homme pervers*, Odile Jacob, 2013, p. 19.
2. « Homme dont le métier était de porter des fardeaux », *Petit Larousse illustré*, 2012.
3. Paul-Claude Racamier, *Le Génie des origines*, Payot, 1992, p. 61.

On comprend mieux la chute vertigineuse du bourreau-addict lorsque la victime-drogue se dérobe. Le sevrage brutal produit un manque intolérable ainsi qu'un écho violent à ce que le pervers et le narcissique cherchaient justement à fuir : la rupture d'un lien fusionnel ! Alexandre, dans notre introduction, l'a clairement formulé à sa sœur : il ne lui reste plus qu'à mourir. C'est aussi ce qui explique, lorsqu'il devine que sa victime veut se soustraire à son emprise, ses efforts pour séduire de nouveau ou pour apitoyer : « Sans toi, je ne suis rien ! » Nous en verrons d'autres exemples par la suite.

Paraître

Le dernier point commun aux pervers et aux narcissiques est la volonté de paraître. Séduire est chez eux une première nature. Ils sont toujours en représentation, ils s'exhibent avec une fausse gaieté qui est le corollaire de leur fausse identité. Cette séduction masque utilement désert interne et détresse personnelle ; c'est un narcissisme gonflé, surgonflé de... vide. Ils font illusion par leur forte croyance en eux-mêmes, mais ils ne croient pas plus à eux qu'aux autres. Ne sachant pas qui ils sont, ils n'ont pas d'identité. Ils supposent que les autres en ont une, mais comme ils ignorent de quoi il s'agit, ils n'en sont même pas sûrs ! Ni eux-mêmes, ni les uns, ni les autres n'ont de consistance. Tels des vampires une fois de plus, ils ne se voient pas dans le miroir, leur reflet y est absent.

Valérie poursuit : « Lorsque Bernard allait au centre de notre petit village chercher le pain, on aurait dit Louis XIV qui rendait visite à son peuple : toujours bien habillé, toujours très propre sur lui, toujours un port de tête altier. Au début de notre relation, je l'encourageais avec amusement dans cette recherche de l'élégance, jusqu'à ce que j'y perçoive, à la longue, une maniaquerie suspecte. »

Une métaphore du psychanalyste Heinz Kohut résume cette grandiosité narcissique, cette ascension mégalomaniaque qui leur fait traverser le « mur du délire » : « Une fois le mur franchi, le sujet n'entend plus les bruits de la réalité objective ; il n'entend même plus guère le bruit que fait autour de lui son délire : comme l'avion supersonique laissant les bruits derrière lui[1]. » Le pervers est dans son monde démesuré, isolé des existences des autres et du quotidien.

Différences entre pervers et narcissiques

Les similitudes entre pervers et narcissiques sont certes très importantes, mais les divergences résident dans les motifs de leur jouissance et dans le sort qu'ils réservent à l'autre. Le pervers espère jouir de la destruction psychologique de l'autre, néanmoins ce plaisir est toujours décevant. Le narcissique jouit de sa propre survalorisation par une utilisation de l'autre : lorsque le partenaire est « périmé », il est simplement « éjecté ».

Le narcissique

Sa pathologie est un peu moins redoutable que celle du pervers, puisqu'il ne se nourrit pas, lui, du malheur de

1. *Ibid.*, p. 152.

l'autre ; il arrive d'ailleurs, comme nous le mentionnions, qu'il soit nommé « petit pervers ». Il vit ses relations sur le mode fonctionnel, pratique, concret. Tout est centré sur lui-même. Sa libido (son énergie amoureuse) est essentiellement égocentrique, son corps même est surinvesti. Il recherche avant tout des personnes qui le mettront en valeur. Il pourra ainsi se faire valoir aux dépens de chaque objet-piédestal. Ses relations sont superficielles, avec une phase d'idéalisation si l'objet remplit bien son rôle. Il épuise ses « objets » et les rend obsolètes par une exploitation tyrannique et insatiable. S'ensuit une phase de rejet soudain, sans appel, sans l'ombre d'une émotion, sans un état d'âme pour leur devenir.

Il lui arrive cependant de s'investir dans sa famille, car sa femme et ses enfants sont forcément beaux : son épouse est choisie pour sa beauté et ses descendants, quel que soit leur physique, sont décrétés magnifiques. Ces supports décoratifs demeureront tant qu'ils resteront… décoratifs !

Le pervers

Il vit, lui aussi, la relation à l'autre sur le mode pragmatique, mais cette fois, l'objet n'est même plus un faire-valoir. Il doit le vider de sa substance pour le remplir de ses propres frayeurs : objet-paillasson, objet-poubelle.

Jacques n'a montré son vrai visage à Carole qu'après trois ans de vie commune, lorsque sa petite société de maçonnerie a commencé de péricliter. Tant que la jeune femme avait de l'argent en bourse, il a poursuivi la lune de miel et elle a continué de vivre joyeusement, mais une fois qu'elle s'est trouvée, elle aussi, en grande difficulté financière, il s'est mis à l'humilier en fonction des courbes du CAC 40… déversant sur elle des torrents de fureur. Longtemps, elle a mis les accès de colère de Jacques sur le compte de sa peur de manquer et, pour dissiper ce malaise, elle redoublait d'optimisme.

Le pervers désire également amener cet objet à un point de rupture psychologique en lui soumettant inlassablement des challenges frôlant l'illégalité ou malmenant ses valeurs.

Carole se plaint ainsi : « Il m'a fait tellement de mal sans jamais montrer une once de compassion. Il m'a poussée à commettre des malversations, mais comme j'ai résisté, c'est moi finalement qui ai été escroquée. Jusqu'alors, j'étais sûre que mon amour inconditionnel, ma tendresse, ma bienveillance et mon entrain auraient toujours raison des angoisses de Jacques, et qu'ensuite il me rendrait la pareille. »

Par ailleurs, ce mal lancinant distillé à sa proie offre au pervers sa jouissance principale : l'angoisse provoquée chez l'autre. Faire souffrir pourrait peut-être le distraire de sa propre souffrance, pense-t-il. Le pervers reste dans la croyance que cet acte de détestation pourrait l'affranchir de sa haine envers lui-même, haine qu'il pressent en voulant l'ignorer.

Cet impératif de jouissance immédiate ne s'embarrasse surtout pas du désir – qui surgit d'un manque et qui exige de tenir compte de l'autre. Le manque est réservé au commun des mortels, donc cela ne le concerne pas… Quant à l'autre, son existence en tant qu'humain est purement et simplement effacée.

Nous retrouvons Valérie : « Au début de notre relation, Bernard a humilié le jardinier en lui disant, entre autres piques : "Vous avez un problème de 'taille' (en s'adressant à cet homme qui, effectivement, frisait le nanisme), un comble pour un jardinier, vous êtes mesquin, 'petit'." Puis il est rentré à la maison avec un sourire tellement mauvais que j'ai pris peur, je ne reconnaissais pas l'homme que j'aimais. Malheureusement, par la suite, c'est moi qui ai eu à pâtir de ce vilain rictus.»

RÉSUMÉ

Pervers et narcissiques

1. Similitudes entre pervers et narcissiques

Ces deux groupes ont en commun leur illusion d'omnipotence narcissique et leur lutte pour ne pas basculer dans la folie. Ils sont érigés sur :

- **Le déni**

Refus d'entrevoir une réalité insupportable, qui est alors niée.

- **L'angoisse**

Terreur de la mort et détresse identitaire, qui les poussent à une hyperactivité.

- **Le délire de grandeur**

Certitude de leur supériorité, conviction de leur invulnérabilité, culte du « moi » démesuré.

- **La relation à l'autre**

L'autre est un outil, un objet, un instrument, mais in-dis-pen-sa-ble, car il représente un antidépresseur puissant.

- **Paraître**

Séduction constante qui masque un désert interne, une détresse personnelle sans fin.

2. Différences entre pervers et narcissiques

- **Le narcissique (nommé aussi « petit pervers »)**

Il utilise l'autre pour sa propre gloire, pour se mettre en valeur et, lorsque cet objet est usé, éreinté, il le jette sans émotion, sans appel, et s'en désintéresse. Après quoi il ne veut ni son malheur ni son bonheur, cela lui est indifférent.

- **Le pervers**

Il veut jouir de la souffrance qu'il inflige. Il espère vider cet objet convoité de ses qualités, afin de s'approprier ces dernières. Il veut remplir sa victime de ses propres frayeurs et surtout lui faire mal à petit feu, la détruire psychologiquement. L'autre est à la fois un réceptacle où le pervers déverse ses angoisses et une belle substance dont il tente de se nourrir.

Qui sont les pervers ?

Les pervers cumulent tous les profils en même temps :

- séducteurs : qui veulent plaire, attirer dans leurs filets ;
- vampires : qui cherchent à vider l'autre de sa vigueur ;
- magiciens : qui semblent disposer de pouvoirs prodigieux ;
- victimes : qui se font passer pour des souffre-douleur ;
- bourreaux : qui torturent ;
- fantômes : qui ont une identité floue, inconsistante ;
- comédiens : qui sont capables de feindre toutes les émotions ;
- sauveurs : héros qui repoussent un danger ;
- harceleurs : qui soumettent à des attaques incessantes ;
- sadiques : qui prennent plaisir à faire souffrir.

Comment en sont-ils arrivés à créer ces jeux de masques effrayants ? Pourquoi vouloir briser quelqu'un, « faire rendre gorge à tout ce qui a constitué la pensée, le désir, la vérité d'un être[1] » ? Il nous faut chercher des réponses dans leur structure, qui découle de leur enfance traumatique.

Leur structure

Comme nous l'avons déjà signalé dans le premier chapitre, la structure psychique du pervers se situe dans la catégorie des « états limites » ou « aménagements limites » et, pour ne pas s'écrouler dans la psychose, le sujet externalise ses tumultes, les « expulse », en les faisant porter par l'autre. Nous insisterons avec le psychanalyste Jean Bergeret sur la perturbation interne la plus tragique du pervers : « Parmi le groupe des aménagements limites, c'est le pervers qui se défend contre l'angoisse dépressive la plus dramatique ; c'est lui qui se rapproche le plus près du morcellement psychotique sans pouvoir toutefois bénéficier du repos restructurant qu'apporte paradoxalement un véritable délire[2]. » Cette proximité avec la folie est évoquée dans le témoignage suivant :

> *Jeune étudiante fraîchement sortie d'HEC, fiancée officiellement depuis peu à son amour d'enfance, membre estimé d'une équipe de volley, Babette n'a plus qu'un rêve : fonder sa*

---

1. Miguel Benasayag, *Parcours, Engagement et résistance, une vie*, Calmann-Lévy, 2001, p. 107.

2. Jean Bergeret, *La Personnalité normale et pathologique* (1974), Dunod, 1996, p. 165. Le délire qui s'exprime haut et fort permet d'évacuer une terreur, alors que le délire froid du pervers, que nous avons mentionné plus haut, reste contenu chez lui et le tourmente.

propre entreprise. Christophe, son frère aîné, informaticien, cherche justement à se délester de sa petite société qui stagne, mais dont le potentiel est avéré. Au cours d'une réunion de famille, il lui en propose le rachat : « Je te la vends pour… un euro symbolique et je m'en désintéresse totalement, je me tire ! Ce sera mon cadeau de noces avant la date ! » Babette poursuit : « Je ne suis pas qualifiée pour diagnostiquer mon frère, je peux juste indiquer qu'avant notre tragédie, il m'a souvent confié qu'il avait peur d'être fou. Un jour, après avoir vu le film Vol au-dessus d'un nid de coucou, il m'a avoué, hagard : "Je me suis reconnu dans ces patients." » Nous verrons que Babette finira par découvrir, à ses dépens, le vrai visage de son frère…

Dans son recueil *Les Fleurs du mal*[1], Charles Baudelaire dépeint cette notion d'« expulsion » des tourments en terminant ainsi « À celle qui est trop gaie », dédié à sa muse, Mme Sabatier :

Pour châtier ta chair joyeuse,
Pour meurtrir ton sein pardonné,
Et faire à ton flanc étonné
Une blessure large et creuse,

Et, vertigineuse douceur !
À travers ces lèvres nouvelles,
Plus éclatantes et plus belles,
T'infuser mon venin, ma sœur !

---

1. *Op. cit.*

Cette externalisation va proscrire de vraies relations et accentuer seulement la nécessité vitale de saisir une proie et de l'asservir. La libido du pervers suit la même voie, c'est une libido narcissique sans échanges, autistique.

Rappelons que cette pathologie est un imbroglio de dénis, d'effroi, de faiblesses, de détresses, de chaos, de pulsions destructrices. Angoisses d'anéantissement, d'impuissance. Faiblesse du moi, de l'identité. Défaillances du refoulement, de la capacité à enfouir ses désirs malsains. Confusion entre soi et les autres avec une logique d'incorporation de l'autre. Tensions ravageuses nourries par une pulsion de mort envahissante. Absence de projets et de sentiments, anesthésie affective. « De la haine des émotions à la haine de la vie, il n'y a qu'un pas[1]. »

Pour parfaire cette description structurelle, il faut adjoindre, de nouveau, le fantasme de toute-puissance, provoqué par une figure maternelle qui a donné l'illusion au pervers de le satisfaire comme un adulte, en l'absence d'obstruction de son père.

Leur enfance

Babette révèle des relations fusionnelles entre sa mère et son frère Christophe. Ni son père ni elle-même ne pouvaient s'immiscer dans ce lien. Elle savait que Christophe avait une mission, et une seule : être parfait pour satisfaire sa mère.

1. Maurice Hurni, Giovanna Stoll, *La Haine de l'amour*, L'Harmattan, 1996, p. 322.

Son père disait d'ailleurs à Babette : « Pendant que ta mère se préoccupe de ton frère, au moins elle me fiche la paix ! » On constate ici combien ce père démissionnaire a laissé son fils vivre une relation étouffante, mutilante avec sa mère, sans réaliser l'avenir tragique qu'il lui traçait ainsi.

Deux circonstances nuisent au bon développement du pervers dès sa naissance : la complicité libidinale de la mère (une mère qui s'approprie son enfant comme un « doudou » sensuel) et la complaisance silencieuse du père (un père qui fait semblant de ne rien voir).

Sa mère le perçoit plutôt comme une partie d'elle-même et non comme un individu séparé. Elle souffrirait du syndrome de Jocaste, mère puis épouse de son fils Œdipe dans la mythologie grecque, syndrome qui symbolise cet attachement pathologique à un fils, ce désastre primitif qui enferme l'enfant. Elle installe un état de dépendance affective – une « toxicomanie relationnelle[1] » –, instaure des abus éducatifs, s'autorise des violations d'intimité, produit un climat incestuel (inceste sans passage à l'acte, sans relation sexuelle) en prodiguant à l'enfant des soins « érotisés » (douteux, inopinés, trop ardents et méprisants à la fois), ignore les limites, se fait dévoreuse, le culpabilise sur fond de sacrifices. Ingérante, imprévisible et négligente, elle met en œuvre une séduction narcissique, chaotique, jamais achevée, auprès de son enfant-objet. Avec son maternage à la fois excessif et insuffisant, elle reste enfouie dans l'inconscient de l'enfant comme un lien initial, inquiétant

1. *Ibid.*, p. 269.

et excitant, porteur d'une toute-puissance que le futur pervers rêvera d'attaquer avec sadisme, à travers toutes ses autres rencontres. Il gardera en mémoire, dans son corps et dans son âme, la marque sourde d'une haine de soi et de l'affection. Ses questions ne concerneront pas Œdipe, puisque l'incestuel est déjà acté, mais bien plutôt Hamlet avec un « être ou ne pas être » entêtant, lancinant et toujours sans réponse.

Enfant-objet-idéal fétichisé, perverti par une mère toxique, Picasso l'a sans doute été, comme il est rapporté par Maurice Hurni et Giovanna Stoll, psychothérapeutes, dans leur ouvrage *La Haine de l'amour* : « Pablito fut tout de suite un merveilleux cadeau pour doña Maria, à qui sa vie trop ordinaire n'avait pas permis d'être reconnue comme elle en rêvait. Maintenant elle pouvait se vanter d'avoir un petit garçon d'une exceptionnelle beauté, dont les yeux vifs et brillants magnétisaient les gens. "C'était un ange de démon et de beauté", dira-t-elle plus tard[1]. »

La mère des pervers, bien souvent, ne souhaite pas le bien de son fils, elle lui trace le chemin à suivre en se réjouissant de son malheur. C'est par la bouche d'Eva, s'adressant à sa mère Charlotte, que Bergman filme ce projet écœurant démasqué, envers une fille cette fois : « Le malheur de la fille, c'est le triomphe de la mère ; le chagrin de la fille, la volupté secrète de la mère[2]. »

---

1. *Ibid.*, p. 319.
2. Ingmar Bergman, *Sonate d'automne*, 1978.

C'est cette relation avec notre mère qui détermine la « couleur » de nos autres attachements. Or, de ce lien inaugural, de cet amour originel, le pervers retient que toute relation à l'autre sera nécessairement source de conflits internes, de crainte, de désarroi, de disparition, dont il ne pourra se protéger que par le recours à la morgue, à l'agressivité et à la férocité.

Bernard, en dehors de la présence de sa mère, se vantait d'avoir toujours répondu à ses attentes et d'être le seul bonheur de sa vie. Ce qui ne semblait pas être le cas lorsqu'ils se rencontraient et que les reproches fusaient de part et d'autre.

Après avoir dépeint cette complicité libidinale avec la mère du pervers, venons-en à la complaisance silencieuse du père qui, face à cette femme vorace, préfère lui donner son fils à dévorer que lui-même… Ce père n'est quand même pas muselé ou radicalement absent, comme dans le cas des psychotiques (où la notion même de géniteur, réel ou symbolique, est niée par la génitrice, qui s'imagine avoir engendré seule son fils). Il est simplement disqualifié par la mère et il accepte de se taire sur l'essentiel, cautionnant ses manœuvres séductrices. Cela ne l'empêche nullement, par ailleurs, d'afficher un légalisme totalitaire ou un rigorisme moral sans concession. L'enfant a le fantasme d'avoir évincé et remplacé en acte et en pensée cet homme virtuellement présent ; il voudrait avoir une totale jouissance de sa mère, ainsi qu'une totale emprise sur elle…

Le fameux complexe d'Œdipe n'est pas dépassé, l'enfant n'a pas assimilé qu'il ne pouvait, comme Œdipe, « coucher » avec sa mère. Il n'est pas confronté à ce tout premier interdit imposé par son géniteur, à cette loi initiale, il n'intègre donc aucune censure. Cela a pour conséquence un déni de sa castration : « Je ne suis pas coupé de ma virilité, de ma puissance, je ne suis pas amputé de ma capacité à satisfaire seul et pleinement ma maman ; papa n'a pas mis fin à ma conviction que je suis le maître du monde. » Cela a aussi pour répercussion un déni de la castration de sa mère : « Maman n'a pas de pénis, mais je refuse cette évidence, je ne la refoule pas, je vais faire semblant de croire qu'elle en a un et qu'elle reste puissante, phallique. » Ce « déni » (« maman et moi avons échappé à cette infamie, à cette perte de notre toute-puissance ») peut se traduire également par les termes de *désaveu* ou de *démenti*.

L'insuffisance du père (père qui, symboliquement, incarne la Loi, c'est-à-dire le fait qu'il est nécessaire de composer avec autre chose que sa propre volonté) aboutit à la construction par le pervers de sa propre loi morale, sans remords. Cette absence imaginée, fantasmée par l'enfant, de distinction entre lui, sa mère et son père entraîne le déni des générations (papa, maman et moi avons le même âge), le déni de la différence des sexes (pénis ou non-pénis, garçon ou fille, c'est pareil), des limites (le territoire des autres est sans frontières). Le petit garçon futur pervers, dans sa prison égocentrique, vivra un délire de grandeur, d'invulnérabilité et de toute-puissance : « Le *non* n'existe pas pour moi. » Toute-puissance qui « n'est pas faite d'un entassement de pouvoirs », mais qui « est faite à partir d'une accumulation de dénis[1] ». Cette absence de tiers séparant (le père

1. Paul-Claude RACAMIER, *Le Génie des origines*, *op. cit.*, p. 150.

entre l'enfant et sa mère, le *non* ou la Loi entre mon désir et sa réalisation) aboutit pour le pervers, dans sa relation à l'autre, à l'équation suivante : moi + toi (objet) = moi-je. Le « trois » est absent de sa construction psychique.

Nombreux sont les enfants futurs pervers qui subissent des actes de maltraitance morale, mais tout aussi nombreux sont ceux qui, à l'inverse, sont trop gâtés, n'apprennent pas la notion de limite, ne sont pas confrontés à un sentiment de frustration indispensable à la compréhension de ce qu'est le monde réel. Dans les deux cas, ces traumatismes relationnels trop précoces se traduisent par une hyperstimulation, un bombardement d'excitations qu'ils n'ont pas la possibilité de traiter par voie mentale, car ils sont trop jeunes pour comprendre que ce climat oppressant est anormal. L'adulte pervers est un enfant que ses parents n'ont pas protégé.

Les traumatismes éducatifs sont aussi présents avec une « pédagogie noire[1] », cette férocité invisible décrétée « pour son bien » à l'enfant dont on cherche à briser le caractère, la volonté, la vitalité et la confiance en lui. De ces non-respects, assortis d'un fort sentiment de solitude, résulte une angoisse massive d'abandon. Angoisse accrue par une fêlure narcissique : pas de reflet valorisant dans le regard de ses parents. Faille qui l'oblige à se donner une image démesurée de lui-même. Mais la conviction profonde de son défaut de valeur le condamne à rejeter toute relation positive, il la

1. Alice MILLER, *C'est pour ton bien*, Aubier, 1984.

jugerait suspecte. Mieux vaut dénigrer l'autre pour croire que sa perte serait sans conséquence.

> *Carole : « Jacques téléphonait à sa mère tous les jours, où que nous soyons, c'était une obsession ; je ne crois pas qu'il ait failli une seule fois à cette mission. En revanche, lorsqu'ils étaient ensemble, c'était une relation infernale, sa mère ne lui faisait que des reproches et me prenait même à témoin de tous les manquements de son fils ; d'ailleurs, Jacques la voyait très peu. »*

Laissons au psychiatre hongrois Sándor Ferenczi le soin de tirer les conséquences de cette tragédie précoce dans son article « L'enfant mal accueilli et sa pulsion de mort[1] », par lequel il défend le postulat suivant : si un enfant est mal accueilli, s'il n'est pas suffisamment aimé, investi avec respect, contenu, porté, cela peut exacerber chez lui la prédominance de pulsions massives de destruction et l'incapacité à réguler, enfant puis adulte, ces ressentis sauvages.

Leur immaturité

> *Chez Christophe, cela se manifestait par une jalousie excessive envers cette petite sœur qui l'avait délogé de sa position d'enfant unique. Le fiancé de Babette confessera un jour : « Ton frère est jaloux de toi, tu ne l'imagines pas ! Je l'ai même vu une fois taper du pied comme un gamin pour réclamer à ta mère un cadeau identique au tien. Je ne sais*

1. *In L'Enfant dans l'adulte* (1929), Payot, 2006, p. 78.

plus ce que c'était, mais je revois la scène comme si c'était hier. »

Les pervers sont figés à un stade infantile : « Dans cet état, l'émotion est haïe ; elle est ressentie comme trop puissante pour être contenue par la psyché immature[1]. »

Valérie a été stupéfaite de voir Bernard, qui lisait seulement des BD et collectionnait des coquillages, régresser encore plus à la mort de son père. Du jour au lendemain, comme si son garde-fou était tombé, il s'est mis en plus à jouer aux cow-boys et aux Indiens. « Ce n'était pas vraiment choquant en soi, mais c'était ennuyeux lorsqu'on sait qu'il m'insultait si j'avais le malheur de le déranger pour des choses sérieuses. »

La description de l'enfant faite par Anna Freud leur correspond point par point dans cette logique du « moi-je », indifférente aux besoins ou aux demandes des autres : « L'enfant est d'une indélicatesse et d'un égoïsme intolérables. Seuls lui importent son bon plaisir et la satisfaction de ses désirs ; que d'autres en souffrent ou non lui est indifférent. [...] Il fait preuve de cruauté envers tout être vivant plus faible que lui et prend plaisir à détruire les objets inanimés. [...] Il exige impétueusement la satisfaction immédiate du moindre désir qu'il ressent et ne tolère pas le moindre délai[2]. »

---

1. Wilfred R. Bion, « Attaques contre les liens », *The International Journal of Psychoanalysis*, 1959, 40, 5-6, p. 297.
2. Anna Freud, *Initiation à la psychanalyse pour éducateurs*, Privat, 1972, p. 36.

> *Carole remarque: « Ce que je faisais n'était jamais assez bien, jamais satisfaisant pour lui, jamais assez à son service, jamais assez dédié à lui et à lui seul; j'ai mis très longtemps à réaliser qu'il était comme un adolescent capricieux, un fifils à sa maman, trop gâté. » Elle ajoute: « Il se montrait immature dans sa dépendance à ses parents et dans sa conviction qu'il suffisait d'affirmer bien fort un mensonge pour qu'il se transforme en exactitude. Et il osait soutenir qu'il fallait que je me comporte comme une mère avec lui. "C'est ça dont les hommes ont besoin", disait Jacques. Et il ajoutait: "Si tu m'aimais vraiment, je ne devrais rien avoir à te demander, tu devancerais tous mes désirs et je n'aurais pas à attendre." »*

Comme Jacques nous le montre, la frustration ne passe pas par le pervers. Comme un enfant, il veut tout, tout le temps et tout de suite. Comme un enfant, il est régi par le « principe de plaisir[1] », dont Freud explique qu'il s'oppose au « principe de réalité » : il s'agit pour lui de tout faire pour se procurer du plaisir et éviter le déplaisir que le quotidien impose souvent. *A contrario*, le principe de réalité régule ou ajourne la réalisation de nos pulsions en fonction de ce qui est autorisé ou possible ; il nous fait ainsi entrer dans l'altérité, dans une vie sociale respectueuse de chacun et de la loi : « Je ne fais pas à *autrui* ce que je n'aimerais pas qu'on me fasse » ou « ma liberté s'arrête là où commence celle *des autres* »… autant de dictons qu'ignore le pervers, puisqu'il méconnaît *autrui* et *les autres*.

1. Sigmund Freud, *Au-delà du principe de plaisir*, Payot, 2010.

Leur identification projective et leurs pulsions

Babette: « Mon frère m'accusait régulièrement de ses propres larcins ou de ses propres défauts. Ça, c'était quand il se contrôlait ! Sinon, j'ai eu droit à tout : Christophe me soupçonnait de vol, de poursuites judiciaires, d'intimidation. À chacune de nos rencontres, je craignais le pire. »

La notion d'identification projective désigne le mécanisme dont se sert le pervers pour, fantasmatiquement, totalement ou en partie, se projeter dans l'autre en lui prêtant ses propres aberrations. Protée, pourtant non pervers, en est une illustration mythologique. Ce dieu marin pouvait se métamorphoser successivement en lion, en serpent, en panthère, en sanglier, en eau ou en arbre. À l'origine de ce concept, Melanie Klein, psychanalyste anglaise, fait, elle, référence au roman de Julien Green, *Si j'étais vous…* (1947). On y voit le héros, Fabien, signer un pacte avec le diable, afin de pouvoir prendre l'identité des personnes dont il veut vivre la vie. Cependant, Protée et Fabien, contrairement au pervers, ne cherchent pas à nuire à leur « hôte », aucun penchant négatif ne les habite, ils veulent juste expérimenter pour un temps un autre destin.

Envahi par ses pulsions morbides, le pervers agit, car il ne peut contenir ces mouvements internes (à l'inverse du névrosé, qui sait les refouler). Il lui faut les évacuer, les expulser, nous l'avons évoqué précédemment. Cette expulsion se fait sous forme de projection sur l'autre de son épouvante, qu'il peine à repousser (angoisse de la mort, détestation de soi, etc.).

Son chaos délétère doit être porté par son souffre-douleur et non par lui-même. Son principe est simple, sa devise imparable : « Mieux vaut empoisonner l'autre que moi. » Cet autre devient l'hôte de sa malignité, sans que le pervers en soit lui-même délivré. Le passage à l'acte est inévitable, indispensable et souvent sans éclat : le persécuteur peut se permettre d'être calme, puisqu'il fait vivre sa rage à l'autre. Il est spectaculaire de constater une telle opposition entre les prouesses créatives de ce persécuteur pour transplanter ses dégoûts et, d'un autre côté, l'atrophie, la pauvreté, la sécheresse de ses raisonnements internes, comme si son psychisme avait été pulvérisé.

> *Carole : « Jacques se voyait comme un homme droit et honnête, martyrisé par moi, épouse avide de pouvoir et d'argent… Par moments, il semblait avoir besoin d'en être convaincu et, l'espace d'un instant, paraissait soulagé – un soulagement morbide – de me faire endosser ses défauts. »*

Pensant être débarrassé de ses mauvais démons, il a alors le vain espoir qu'il lui reste sa partie saine. Docteur Jekyll respire un peu, mais Mister Hyde n'est jamais bien loin, et les deux cohabitent de façon insoutenable. Il ne s'agit pourtant pas de schizophrénie, maladie où cette dissociation de la personnalité s'accompagne d'idées délirantes de persécution, d'hallucinations souvent auditives, de troubles de la pensée, de comportements bizarres, bref, d'autant de symptômes qui nuisent à une vie sociale normale. Ce qui n'est pas le cas du pervers, qui souvent n'apparaît comme malade que pour ses victimes !

Leur difficulté identitaire, leur clivage

«Je te vois défaite après chacune de nos réunions, alors que moi, j'en ressors gonflé à bloc!» s'émerveille Christophe après s'être acharné contre Babette au cours d'une énième rencontre catastrophique... Cette dernière se souvient: «Lorsque alors je lui rappelais sa conduite ignoble à mon égard, il rétorquait: "Mais de quoi tu parles?"»

Le pervers souffre d'une défaillance narcissique intense: il n'a pu trouver chez ses parents une image de lui suffisamment positive pour se valoriser et se construire. Tel Narcisse (n'oublions pas que ce personnage mythologique est né d'un viol, donc qu'il est non désiré!), il ne se pense aimable que de lui-même et il en meurt inlassablement. Alors, afin de garder une bonne conscience de soi, il doit, par moments, se couper en deux, se cliver, se dissocier. Mais cette fois, Docteur Jekyll et Mister Hyde ne cohabitent plus, ils mènent des vies parallèles, chacun étant dans le déni total de l'existence de l'autre.

Dans la peau du docteur Jekyll, il vit convaincu de s'être déchargé sur son souffre-douleur de ses penchants indésirables et de la culpabilité qui y est attachée. Il peut alors se montrer assez détendu et léger. Mais ce nettoyage étant illusoire, il est bien évidemment à recommencer!

Dans la peau de Mister Hyde, il est submergé par ses démons, ses frayeurs, et s'engage rapidement dans la quête effrénée d'un bouc émissaire, de *son* bouc émissaire, pour lui attribuer injustement la responsabilité de tous ses malheurs.

« J'avais l'impression de l'avoir saisi, mais l'instant d'après, c'était un autre personnage. Il se montrait ému ou odieux face au même événement ; j'ai eu beau chercher, ça ne dépendait de rien. Toutes mes tentatives pour lui faire percevoir ses deux côtés ont échoué. » C'est ainsi que Valérie subissait ce clivage au quotidien.

Cette dualité, différente ici de la schizophrénie, est à l'œuvre de façon très visible dans certaines sectes. Le Ku Klux Klan, par exemple, regroupe des adeptes convaincus de la suprématie de la race blanche ; ils ont la particularité d'être de gentils pères de famille le jour et d'odieux tortionnaires le soir venu. Dans la mythologie égyptienne, Maât, déesse de l'équilibre, de l'harmonie, de la paix, de la confiance, et Isfet, dieu du désordre, de l'inégalité, du dévoiement, sont présentés comme totalement indissociables. On trouve ainsi dans la plupart des civilisations ces représentants à deux facettes du bien et du mal, de la lumière et des ténèbres : Gilgamesh et Enkidu, l'ange et le démon…

Leur « culture »

Avec une immense exaspération, Babette est très prolixe sur ce chapitre : « Les cons, ça ose tout, et c'est même à ça qu'on les reconnaît. Christophe m'a volé les noms de domaine liés à la société qu'il m'avait cédée en se faisant prendre comme un bleu – alors qu'il est spécialiste en informatique. Il s'est fait piéger, car il avait ouvert un nouveau site identique à celui qu'il m'avait vendu. Par ailleurs, il oubliait régulièrement des clauses du contrat ou encore il jouait les hommes d'affaires, mais n'y connaissait rien… et j'en passe ! J'ai fini par croire qu'il n'était pas intelligent, et pour sa culture, c'est pire : il ne semble pas avoir évolué depuis notre enfance, il collectionne les Tintin et, méchamment, je m'imagine qu'il ne lit que ça ! »

Le savoir du pervers est tristement borné. Sa culture est monolithique (la poésie de François Villon ou les églises du XIIe siècle, ou encore l'enfance de Mozart...) et méprisante pour qui n'y connaît rien dans son domaine de prédilection, aussi étroit soit-il.

Valérie : « Bernard se prenait (et surtout voulait qu'on le prenne) pour un grand littéraire. Il avait toujours un livre avec lui, de préférence bien visible dans une poche. En fait, je ne l'ai jamais vu lire, ce qui ne l'empêchait nullement de raconter partout qu'il adorait bouquiner. Et moi, stupide, je me gardais bien de dire le contraire pour ne pas lui faire honte, mais aussi parce qu'il aurait bien été capable de trouver une parade humiliante pour moi. En revanche, il savait absolument tout sur les poissons tropicaux, mais uniquement sur les poissons tropicaux. Les malheureux, dont je faisais partie, qui n'y connaissaient rien étaient dédaignés. »

Le pervers étale sa science avec suffisamment d'arrogance pour éviter les questions et, si quelques courageux s'y risquent, il se montre agacé, voire évasif, car ses connaissances sont pauvres. S'il ment ou s'il se trompe, personne n'ose le reprendre, sous peine de représailles sanglantes immédiates ou différées. Monomaniaque intellectuellement, il ne crée rien, il exploite. C'est une coquille magnifiquement vide.

Carole s'est longtemps leurrée au sujet de Jacques : « Il abattait une dose de travail journalier au-dessus de la moyenne, mais finalement, ce travail était souvent inutilisable. Il ne vivait que pour le business, l'argent, le pouvoir, rien d'autre ne lui plaisait, ni les arts, ni la musique, ni la lecture, ni la politique, ni la philosophie.»

Leurs métiers

Lorsqu'il a pris la décision de lui donner/vendre sa société, Christophe a confié à Babette: «Je m'ennuie dans ce job, ce n'est pas digne de moi, il me faut un poste de pouvoir, là je serai à ma place et je suis sûr que je serai performant: par la séduction ou l'autorité, ou la schlague, je saurai tous les faire trimer!»

Le psychanalyste Jean Clavreul est très explicite sur ce point: «Le pervers s'introduit volontiers dans les structures sociales les plus fortes, les plus hiérarchisées, celles de l'Église, de l'armée, de la magistrature, de partis politiques. Il en aime les rites, le cérémonial, la liturgie, dans lesquels il se coule avec une aisance qui laisse le névrosé ordinaire pantois et admiratif. Il gravit, comme en se jouant, les échelons de la hiérarchie. Sa brillance, qu'il sait à l'occasion habiller du gris le plus terne, il la doit à ce qu'il ne fait pas siennes les règles du milieu où il s'inscrit, mais à ce qu'il en joue, dénichant toujours les règles non dites, non écrites, qu'il va pouvoir braver. Il joue de la faiblesse et de la lâcheté de l'autre, sachant le compromettre s'il ne peut le subjuguer, et cela finalement moins pour son profit personnel que pour constituer cet autre univers qui se superpose à celui de l'univers officiel. Il est aussi une recrue de choix pour les services secrets et les actions discrètes, pour l'intrigue et la manipulation du pouvoir en place. Le pervers passe finalement inaperçu du fait que l'opinion générale identifie la perversion avec les pratiques étiquetées comme telles. Mais celles-ci peuvent fort bien rester secrètes. Le groupe social reste ainsi médusé, aveugle, le plus souvent admiratif devant les pervers… sauf à devenir tout à coup horrifié, et rejetant[1]. »

Armelle : « Daniel était DRH d'une PME dans laquelle j'étais entrée comme stagiaire pendant mes études à HEC. Je suis très vite tombée sous le charme de cet homme de neuf ans mon aîné et qui semblait si sûr de lui. Tout le personnel me paraissait aussi admiratif que moi. Plus tard, j'ai appris qu'en fait les salariés étaient méfiants et inquiets, certains même terrorisés. » La jeune femme, qui a aujourd'hui trente-cinq ans, a fini par épouser Daniel et, sous sa pression, par rester au foyer après avoir terminé brillamment ses études. Ils ont un enfant. Nous retrouverons, plus loin dans ce texte, Armelle et ses sombres désillusions.

Les métiers les plus prisés par les pervers sont ceux où la séduction intervient, où la mainmise est la plus facile. On trouve aussi bien des chefs d'entreprise, des professeurs, des figures médiatiques, des banquiers, des policiers, que des vendeurs, des journalistes, des financiers, des hommes politiques, des chefs cuisiniers, etc. Et plus particulièrement des thérapeutes : les victimes leur sont livrées à domicile !

1. Jean CLAVREUL, *Le Désir et la Loi, Approches psychanalytiques*, Denoël, 1987, p. 150.

Les témoignages de ces patients malmenés sont tellement nombreux qu'il a été difficile de n'en retenir qu'un.

Bruno a trente ans lorsqu'il commence à Paris une thérapie avec une psychiatre psychanalyste. Celle-ci, séduisante et séductrice, le charme immédiatement. Débutent alors des séances de plus en plus ambiguës pour ce patient dont la demande concerne sa vie privée. Depuis trois ans, il vit seul et se sent non aimable, non désirable. «Non désirable?» s'étonne la thérapeute. Bruno devient accro à cette femme pourtant en âge d'être sa mère, qui le ferre justement là où il doute.

Après plusieurs mois de cette lune de miel, la doctoresse joue soudain franc-jeu… en apparence: «Je me dois de vous révéler que je suis très troublée par vous, et que ce n'est pas déontologique.» Bruno est séduit par cet aveu (enfin!) et attend la suite avec joie. «Nous devons cesser cette thérapie, j'en suis la première désolée.» Bruno s'effondre en pleurs. «Cependant, j'ai une idée.» Bruno reprend espoir. «Non, ce n'est pas envisageable, c'est tellement fou, et pourtant…» Bruno consent d'avance. «Eh bien, voilà, j'ai une fille d'à peu près votre âge, qui vient de quitter son compagnon et qui se sent très seule, elle aussi… Accepteriez-vous que je lui donne vos coordonnées? Surtout, sentez-vous libre de refuser, j'y tiens!»

Et voici ce jeune homme embarqué dans une histoire bancale avec une femme de huit ans de plus que lui, encore sous l'influence de sa mère et pourtant sympathique, puisque souffrant d'une douleur analogue à la sienne. Bruno et Martine tiendront deux ans dans cette relation viciée dès le départ, avec la sensation d'être des marionnettes : il leur faudra, entre autres obligations, dîner une fois par mois chez la thérapeute (« je suis veuve, vous me devez bien ça »), ne jamais dévoiler comment ils se sont rencontrés (« vous devez me jurer de ne rien divulguer, j'ai mis ma réputation en jeu à cause de vous »), promettre d'appeler leur première fille par le prénom de la psychiatre (« Geneviève est un prénom qui revient à la mode, non ? »), ne plus se rendre chez aucun thérapeute (« après tout, Bruno, vos souhaits sont à présent contentés, non ? »).

Bruno et Martine finiront par se séparer et mettront du temps avant de se décider à consulter de nouveau, puis à trouver un vrai thérapeute, chacun le sien, pour faire face à ce passé malencontreux. Ils sont cependant restés amis.

RÉSUMÉ
Le profil du pervers

1. Sa structure

• Il se situe dans le groupe des « borderline », ou « états limites ».

• Sa pathologie repose sur les dénis de la mort, de ses origines, de la différence sexuelle.

• Présence d'effrois, de détresse, d'angoisses, de tensions, de pulsions destructrices.

• Absence de projets, de sentiments, d'émotions.

2. Son enfance

• Mère qui ne laisse pas sa place au père, mère toxique, ambivalente, omnipotente.

• Complaisance silencieuse du père sur les agissements de la mère, il n'arrête pas l'emprise de celle-ci sur son enfant : ce père ne joue pas sa fonction de rempart contre la perversité, il ne permet donc pas à l'enfant (futur pervers) de passer du deux au trois qui ouvre à l'altérité.

3. Son immaturité

• Il est figé à un stade infantile.

• Il veut tout, tout de suite et tout le temps, il refuse toute frustration.

4. Son identification projective, ses pulsions

• Il évacue ses pulsions de mort sur son souffre-douleur: « Mieux vaut empoisonner l'autre que moi. »

• Il agit avec calme, car il fait vivre sa rage à l'autre.

5. Sa difficulté identitaire, son clivage

• Il souffre d'une défaillance narcissique qui l'oblige à se dissocier.

• Docteur Jekyll (il a l'illusion d'être parfait) et Mister Hyde (il est envahi par sa noirceur) vivent alors séparément.

6. Sa culture

• Elle est pauvre, bornée, monolithique.

• Il étale cependant sa science avec arrogance.

• Il exploite les idées des autres.

7. Ses métiers

• Ce sont ceux où la séduction et le pouvoir interviennent.

• On trouve nombre de pervers chez les thérapeutes: les victimes leur sont ainsi livrées à domicile!

Qui sont les victimes ?

Après avoir dépeint le profil des pervers, on ne peut faire l'impasse sur la description des victimes. Nous insisterons sur leur absence de masochisme et même sur leurs qualités! Il est vraiment important de se débarrasser du poncif qui

fait des victimes les complices de leurs agresseurs, des personnalités faibles ou défaillantes.
Elles représentent tous les âges, toutes les appartenances religieuses, politiques, et toutes les origines sociales et culturelles.

Un sang « champagnisé »

« Depuis ma naissance, on m'a toujours dit que j'étais la joie de vivre personnifiée et que j'avais un dynamisme à soulever des montagnes », soutient Babette.

La bonne nouvelle pour les victimes, c'est que leur richesse est grande. Ce sont des personnes dotées de fortes valeurs humaines et morales. Elles sont chaleureuses, spontanées et aimables. Bref, de « belles » personnes, vives, extraverties, avenantes, pétillantes !

Valérie : « J'avais un frère aîné handicapé et, dès ma naissance, on m'a attribué le rôle de sauveur, de réparatrice des douleurs, de rayon de soleil de la famille. Je devais vivre à fond pour tous. Je me percevais droite, généreuse, attentive. J'étais trop soleil, Bernard était trop noir. Il a cherché à m'éteindre. »

Le pervers flaire ces dispositions qu'il admire, envisage de piller ces mérites qu'il envie, convoite cet appétit de vivre qui lui fait défaut. Il rêve d'une proie qui a du répondant : la briser est bien plus jouissif.

Patricia, vingt-cinq ans, minuscule blonde sémillante, travaillait comme journaliste stagiaire pour un magazine régional dans le nord de la France. Dès son arrivée dans l'équipe de Charles, son patron, celui-ci se l'est accaparée en disant haut et clair : « Cette petite a l'air d'avoir un sacré caractère, je m'en charge. » Sur le moment, Patricia a pensé qu'il voulait se « charger » de son apprentissage ; elle a vite compris que c'était de son tempérament qu'il parlait, il voulait se « charger » de la mater…

Dans un poème intitulé « Réversibilité », Baudelaire développe encore une fois le thème de l'« expulsion » du poison. Cependant, ce qui nous retient ici, c'est l'accent qui est mis sur les mérites de la muse, mérites… « abîmables » :

Ange plein de gaieté, connaissez-vous l'angoisse,
La honte, les remords, les sanglots, les ennuis,
Et les vagues terreurs de ces affreuses nuits
Qui compriment le cœur comme un papier qu'on froisse ?
[…]
Ange plein de bonté, connaissez-vous la haine ?
[…]
Ange plein de santé, connaissez-vous les Fièvres ?
[…]
Ange plein de beauté, connaissez-vous les rides[1] *?*

Une faille pourtant

Babette sait que le lien fusionnel entre sa mère et son frère la faisait douter de sa capacité à être aimée, de l'intérêt que sa famille pouvait lui porter (son père ne compensant pas l'éloignement de sa mère). Pour attirer l'attention et cacher cette

1. *Les Fleurs du mal*, *op. cit.*

crainte, elle travaillait très bien en classe et faisait toujours le pitre à la maison.

La mauvaise nouvelle, c'est que, parmi ces « belles personnes », le pervers recherche celles qu'il peut instrumentaliser, qui doutent d'elles-mêmes, qui éprouvent un fort besoin de reconnaissance, d'admiration, qui ont une fragilité narcissique parfois structurelle. Leur sens des responsabilités, leur propension à se culpabiliser et leur goût pour le sauvetage accroissent leur vulnérabilité. Leur manque de confiance en elles les empêche de savoir instaurer d'indispensables limites.

Carole : « J'avais un élan vital fantastique, mais je trimballais une sacrée culpabilité de ne pas être comme tout le monde, dans un milieu familial très strict, ce que Jacques a apprécié et renforcé au début pour me le reprocher ensuite ! D'autre part, j'étais ravie d'adoucir ses soucis d'argent et ses craintes d'enfant provenant d'un milieu défavorisé, je le guérissais, en quelque sorte. »

C'est ce point faible qui sera la clé d'entrée du pervers dans la phase idyllique de départ. Cette effraction est facilitée par le goût de ces cibles privilégiées pour les relations fusionnelles, découlant d'une quête de réparation avec un père idéal et idéalisé.

Patricia reconnaît qu'elle a d'abord été très flattée d'être choisie par Charles pour l'assister dans tous ses déplacements et relire les articles qu'il écrivait. « Il avait l'âge de mon père et lui, au moins, était très attentif à moi, semblait vouloir me faire progresser, voyait en moi une bonne journaliste. »

Il se peut pourtant que cette fêlure soit conjoncturelle : un deuil récent, un nouveau job à responsabilité, une rupture amoureuse encore fraîche, etc., peuvent entraîner un temps d'incertitude et de défaillance, qui transforme quiconque en proie idéale.

> *Valérie sait bien qu'au moment de sa rencontre avec Bernard, elle portait déjà une détresse due à son enfance, ajoutée à celle de son veuvage. Le loup n'a fait qu'une bouchée de cette brebis désemparée avec ses deux agneaux.*

Que la défaillance soit conjoncturelle ou structurelle, le pervers la repère grâce à son œil de lynx ! Observons qu'il ne s'agit pas ici de l'animal, mais du héros Lyncée ou Lynx, personnage de la mythologie grecque associé à l'expédition des Argonautes. Il était doté d'une vue si perçante qu'il voyait à travers les murs. Voir à travers l'autre et le cartographier, tel est le pouvoir du froid rayon X du pervers, invisible à l'œil nu. Comme pour le laser, une exposition prolongée peut provoquer des brûlures.

Une structure « hystérique »

> *Pour Babette, les seuls désirs qui comptaient étaient ceux de sa mère, pas les siens. Elle a fini par vouloir être dominée dans ses autres relations ; suivre les chemins tracés par les autres était, pour elle, confortable.*

D'une façon générale, avec des exceptions donc, cette « pétillance » et cette fêlure sont le propre des hystériques. Non, le terme *hystérique* n'est pas une insulte ! Certes, au temps de Charcot, à la fin du XIXe siècle, il désignait un sujet donnant à voir et à entendre des excès émotionnels incontrôlables. C'est pourquoi « hystérique » est une dénomination qui garde, injustement, un côté scandaleux ou même blessant. Pourtant, il s'agit ici de montrer aux victimes que, contrairement à leur bourreau situé dans le registre de la préfolie, elles appartiennent, elles, à une structure « normale », stable, la structure névrotique, champ des gens « équilibrés ».

Ainsi définies, celles qui se sont laissé abuser par un pervers peuvent s'appuyer sur les textes décrivant cette structure de personnalité pour mieux se connaître, seule façon de trouver leur authenticité grâce à des allers-retours entre théories, vécus, ressentis, analyses, synthèses, etc.

Alors, qu'est-ce qu'une hystérique aujourd'hui ? C'est généralement une femme qui, petite fille, s'est crue non désirée par sa mère, car d'un sexe identique au sien. Elle en a conclu, à tort, qu'elle était également non aimée par sa maman. Elle s'est ainsi évertuée, enfant puis adulte, à conquérir ce désir et cet amour dont elle s'imaginait indigne.

> *« J'étais une petite fille très gaie, avenante, souriante. Pourtant, un jour où j'étais au marché avec ma mère, je me rappelle avoir regardé une jolie tomate rouge et avoir regretté de ne pas être une tomate. J'aurais voulu être un objet, ne plus penser, ne plus attendre un peu plus d'amour. Oui, une tomate, ça devait être la paix absolue ! » se souvient Armelle, cette femme au foyer qui, adulte, semble s'être laissé « légumiser » par son DRH de mari.*

C'est donc une personnalité qui cherche à se situer dans le désir de l'autre, dans son discours, dans son jugement, au détriment d'elle-même. Une façon d'attendre de son partenaire, qui n'est pourtant en rien concerné, une réponse à ses propres questions fondamentales, avec le secret espoir d'un retour symbolique dans le ventre maternel, d'un lien fusionnel infantile, d'une dépendance totale. On retrouve ici l'absence d'un tiers dans cette relation dont l'équation pourrait être « je (moi, la victime) + tu (toi, le pervers) = toi (le pervers) » : la victime rêve de cette fusion dans l'autre. On conçoit immédiatement combien ce descriptif en fait une prise parfaite ! Par ailleurs, sachant cette quête chimérique, l'hystérique – de façon plus ou moins accentuée – vit une souffrance existentielle dont elle se plaint à bas bruit, tristesse compensée par une belle vivacité. Un point douloureux un peu mélancolique, associé à une remarquable vitalité.

Et soudain, par la « magie » d'une rencontre avec un pervers, un « miracle » advient. Souffrance et plainte vont céder la place – dans un premier temps – à la joie et à la satisfaction : le pervers propose, puis impose cet enveloppement maternant, cette quête tant attendue, cette possibilité de se perdre en lui ! Il fait croire qu'il peut résoudre tous les problèmes, et même les faire disparaître… avant de rejeter toute demande. Il propose, puis impose la fusion espérée… avant de liquéfier sa conquête. La « proie idéale » va croire en l'authenticité des belles déclarations du pervers, elle y voit comme la négation de ses symptômes. Pour qui recherche un « maître », l'hypnose, la suggestion et la domination font figure de solutions, trois stratégies – perverties ici – que nous développerons plus loin.

« J'étais en quête du lien fusionnel dont j'avais rêvé avec ma mère, morte lorsque j'avais six ans ; je rêvais d'une symbiose perdue », note Carole.

Patricia reprend en écho les aspirations de Carole : « Pendant quelques semaines, j'ai ressenti un lien fusionnel avec Charles, un "duo de rêve", m'affirmait-il. Mes amis journalistes me disaient de me méfier, mais c'était trop beau ! »

« Tout au début, Daniel anticipait tous mes désirs, à 10 000 %, nous ne faisions qu'un, je planais de bonheur et l'envie d'être une tomate avait disparu… C'était la passion à l'état brut », s'émeut encore Armelle.

Une enfance singulière

La mère de Babette, comme nous l'avons vu, se préoccupait essentiellement de son fils qui l'émerveillait, ce qui n'était pas le cas de sa fille. Pourtant, cette maman gardait un œil sur cette enfant, à condition qu'elle se plie à ses requêtes, qu'elle réalise ses propres projets. La scolarité et même les loisirs de Babette étaient polarisés vers sa réussite. Sa maman l'avait, par exemple, inscrite à un cours de danse classique contre son avis… Babette regrette ces liens essentiellement fonctionnels, pratiques, concrets pour régler le quotidien.

Souvent, la future victime a été, enfant, dévolue à la seule volonté de ses parents. Ses particularités propres, sa singularité, son moi profond ont été étouffés par un trop grand souci éducatif, par une impossibilité à accueillir sa logique d'enfant. Cette sensation de sous-existence la fera se jeter avec ferveur dans la gueule du loup-pervers qui lui fait miroiter une surexistence – dans un premier temps seulement.

Dans ce cadre défini, l'enfant ne se sent pas autorisé à remanier ces limites, à échapper à ce système parental, et reste prisonnier de ces parents dominateurs dont il rêve d'être aimé. De là à rechercher plus tard un modèle identique dans sa vie d'adulte, il n'y a qu'un pas, que certains franchissent en rencontrant un pervers.

Une participation involontaire à l'emprise

> *« J'ai toujours été gentille, redoutant les querelles, arrondissant les angles. Je me suis offerte à cet abus de faiblesse, à ces abus de gentillesse, concède Babette. Aujourd'hui, j'apprends à faire la distinction entre gentillesse et lâcheté. »*

On pourrait penser qu'il ne peut y avoir emprise que s'il y a quelqu'un à « em-prendre ». Ce n'est pas si simple. Il ne faut pas oublier la phase de séduction, le comblement des attentes par un pervers qui sait mesurer, au millimètre près, la dimension et la qualité du manque de sa proie. Sans une mise en condition destinée à la soumettre, aucune personne n'admettrait ces abus psychologiques, sauf à être masochiste. Masochiste que le pervers, d'ailleurs, ne recherche pas : il veut faire souffrir, mais il n'est pas question que cette souffrance procure du plaisir à l'autre !

> *« Je lui ai moi-même donné les ficelles pour me ligoter en lui confessant au fur et à mesure mes points de vulnérabilité, au début de notre relation. Je me suis livrée pieds et poings liés à un Bernard très à l'écoute, bien sûr ! » regrette Valérie.*

Effectivement, la victime, entrée dans cet engagement, se montre loyale envers son bourreau et envers elle-même, ce qui intensifie la mainmise. Paradoxalement, ce sont les règles morales auxquelles elle adhère si fortement qui vont la perdre ! Elle n'est pas de celles qui rompent leurs promesses à la légère. Cela augmente l'ascendant de leur persécuteur et allonge le temps de réaction de sa proie. Convaincue qu'elle provoque ces assauts, elle s'interdit de riposter. Elle a alors envie de se renier plutôt que de quitter son bourreau.

Son penchant pour la transparence l'enferme également de plus en plus dans cette mainmise. Sa naïveté, sa crédulité, son honnêteté la poussent à se justifier, à se dévoiler, à prendre sa part de responsabilité, autant de clés fournies à l'agresseur pour mieux l'abîmer.

Cette involontaire complicité avec son tourmenteur, la victime l'entretient en voulant le sauver. Elle perçoit ses souffrances béantes et nourrit l'espoir chimérique de le guérir et d'être la seule élue à pouvoir y parvenir, pendant que lui continue inlassablement à la rendre folle[1]. Elle se sacrifie à cette mission qu'elle s'est fixée avec une tolérance et une droiture infinies. Elle veut se convaincre que son goût du bonheur et de la vie finira bien par être contagieux. Peu sûre de sa force et de ses dons, elle vit ce sauvetage comme un défi à relever, qui lui prouverait ces deux dispositions.

Patricia : « Lorsque Charles a commencé à me rudoyer, je n'ai pas réagi, j'avais perçu si vite sa colère d'être "seulement rédacteur en chef d'un petit magazine minable de province", disait-il avec mépris. Et il ajoutait qu'il valait mieux que

---

1. Harold SEARLES, *L'Effort pour rendre l'autre fou*, Gallimard, 1965.

ça, ce dont j'ai longtemps été convaincue. Quoi qu'il me fasse, ma volonté de le rassurer sur son talent était plus intense que ses excès à mon égard.»

Enfin, la victime laisse apparaître un attachement irréfléchi en raison d'un désarroi interne, d'un sentiment double, donc contraignant: elle qui a cru ses rêves de pureté et de beauté exaucés à jamais se voit confrontée à cette volonté perverse de la souiller, de l'enlaidir. Valse hésitation entre répulsion et attirance, entre dégoût de soi et nostalgie de la jouissance de la lune de miel.

RÉSUMÉ

Le profil de la victime

1. Un sang «champagnisé»

• La richesse de la victime est grande: fortes valeurs humaines et morales.

• Elle est chaleureuse, spontanée, aimable, maternante.

• En un mot, elle est «vivante», donc très attirante pour le pervers qui, tel un vampire, est en quête d'un sang de qualité.

2. Une faille pourtant

• Cette «belle personne» doute cependant d'elle-même, a besoin de reconnaissance, d'admiration, a une forte propension à se culpabiliser.

• Le pervers repère ces défaillances et va les exploiter.

• Cette fêlure peut être conjoncturelle: deuil récent, rupture amoureuse, nouveau job à responsabilité ou licenciement...

3. Une structure hystérique

• Ce n'est plus l'hystérie scandaleuse du XIXe siècle.

• Il s'agit d'une structure névrotique «normale», contrairement à celle du pervers.

• La personnalité hystérique cherche à se situer dans le désir de l'autre, dans son discours, dans son jugement, au détriment d'elle-même.

• Elle attend de l'autre une réponse à ses propres questions existentielles, elle rêve de fusion avec lui.

• Cette structure fait d'elle la proie idéale pour une emprise perverse.

4. Une enfance singulière

• La victime a souvent été sous l'emprise de parents ayant un trop grand souci éducatif et imposant leurs propres désirs, leurs souhaits, leurs envies.

• Ces parents dominateurs lui ont fait vivre une « sous-existence ».

• Le pervers va alors la fasciner (entre autres artifices) en lui faisant miroiter une « surexistence » !

5. Une participation involontaire à l'emprise

• La phase de séduction parfaite facilite la mise sous emprise de la victime, qui n'est pas masochiste, mais émerveillée par ce premier temps idyllique.

Elle sera ensuite fidèle à cette lune de miel du début, espérant naïvement la retrouver telle que le pervers ne cesse de lui promettre, sans plus jamais l'acter.

Elle participera à cette emprise, même dans la tourmente, en raison de sa grande loyauté envers son bourreau qu'elle cherche à sauver de lui-même.

2

Début de la partie : le pervers impose ses règles

« Passer au scanner » cette stratégie perverse protéiforme, afin de reconnaître ses soubassements psychologiques, distinguer les étapes du phagocytage avec ses fils invisibles, préciser les dispositifs utilisés, les comparer à de nombreux témoignages d'actes malveillants similaires : voilà les seules façons de pouvoir sérieusement identifier le pervers.

Il est bon de noter que, s'il est relativement facile de classer les théories, il est impensable d'y associer chaque fois les outils correspondants, tant ils sont entremêlés, tentaculaires, fourmillants, flagrants ou souterrains.

Ses stratégies connues et théorisées

Le mot *perversion* vient du latin *pervertere* qui signifie « retourner, renverser », mais également « abattre, ruiner, anéantir »... L'étymologie, cet inconscient des mots, est toujours si riche ! « Abattre, ruiner, anéantir » : pour ce faire, le pervers utilise à son insu des méthodes qui, pour leur plus grande part, ont été décryptées par les théories psychanalytiques (qui privilégient l'inconscient individuel) et les théories systémiques (qui privilégient les interactions collectives). Freud et Lacan, ainsi que Bateson et Erickson, vont étayer notre démonstration.

Nous pourrions être admiratifs d'autant de savoirs instinctifs si le but de ces « surdoués » n'était pas carrément odieux : conduire leur victime dans un carrosse qui va vite se transformer en citrouille, de princesse à souillon ou de « déesse en paillasson ». C'est le sort qui fut effectivement réservé à Dora Maar, égérie de Picasso. L'auteur d'une biographie iconoclaste de l'artiste, Arianna Stassinopoulos Huffington, dépeint la manière dont ce dernier a causé le malheur de la jeune femme à travers « les monstrueuses et innombrables humiliations qu'il lui a imposées, toutes les façons dont au cours des dix dernières années il avait peu à peu transformé la déesse en un paillasson dépenaillé[1] ». Si l'on croise cet ouvrage avec le roman de Nicole Avril[2] sur cette même Dora, avec les propos de Giacometti[3] sur Picasso, avec la description qu'en donne Philippe Van Meerbeeck[4], on ne peut que constater la perversité de cet étonnant génie – génie du mal ? Il avait l'« art » de séduire ses compagnes, puis de les humilier, de les briser. Sa relation avec ses enfants était tout aussi malsaine, authentique ouvrage de destruction. Deux jours après sa mort, son petit-fils Pablito se suicide. L'année suivante, son fils Paulo,

1. *Picasso, créateur et destructeur*, Stock, 1989, p. 417.
2. *Moi, Dora Maar*, Plon, 2001.
3. « Il me stupéfie. Il me stupéfie comme un monstre. Je crois qu'il sait aussi bien que nous qu'il est un monstre », *in* Philippe Van Meerbeeck, *L'Infamille ou la Perversion du lien*, *op. cit.*, p. 75.
4. *Ibid.*

devenu alcoolique, meurt d'une cirrhose. Plus tard, Marie-Thérèse Walter, une de ses maîtresses, se pendra dans son garage et Jacqueline Roque, sa dernière épouse, se tirera une balle dans la tête après avoir travaillé sur la rétrospective des œuvres de son mari.

Séduire est la première étape du processus pervers et, pour ce faire, il importe à l'agresseur de connaître les désirs spécifiques de sa conquête, afin de mieux la « ferrer ».

Ferrer sa proie : « objet a » de Lacan

Dans sa phase de séduction, le pervers identifie avec une précision démoniaque l'« objet *a* » (à lire : « objet petit *a* ») de sa future victime, c'est-à-dire l'« objet cause du Désir ». C'est ce avec quoi il va pouvoir l'appâter. Ce terme, introduit par Jacques Lacan en 1960-1961, est la métaphore du paradis perdu, l'archétype de l'âge d'or, ce que nous laissons en quittant la petite enfance, ce dont nous gardons le regret sans trop pouvoir le définir avec exactitude, cet objet manquant à jamais, qui aurait pu nous compléter, nous combler. Or si la victime, elle, ne peut évaluer ce creux à remplir, ce manque – vague, mais puissant –, le pervers, lui, le sent, le jauge et l'utilise.

Prenons le temps d'éclairer le mot *Désir* tel qu'il s'inscrit dans ce contexte. Il diffère de l'envie et du besoin. Si l'on remonte à l'étymologie, *Désir*, du latin *desiderium*, se rattache aux constellations d'astres et, plus précisément, à un vide dans le ciel, là où manque une étoile. Cela nous renvoie à la perte regrettée d'un objet merveilleux, inaccessible et inconnu. Cette nostalgie nous amène à écrire ici *Désir* avec une majuscule, désignant ce à quoi on aspire avec une ferveur sacrée, mais dont on ignore le contenu exact, cet « obscur objet du Désir », contrairement à l'envie et au besoin qui définissent, eux, des aspirations à posséder quelque chose de su, de connu, de précis, de concret.

Cet objet introuvable, indéfinissable, incommunicable, hors de notre conscience, n'est donc pas un objet réel. Lacan a choisi une expression mathématique, « objet *a* », pour insister sur l'impuissance à le désigner par une parole et lui faire recouvrir le plus grand nombre de facettes. Un peu comme l'inconnue des équations algébriques nommée *x*, qui nous permet de poursuivre nos calculs. « Baptiser la difficulté au lieu de la résoudre, introduire un nom en lieu et place d'une solution[1] » : solution trouvée par leur prédateur à l'énigme, à l'« inconnue » de leur jouissance, mais miroir aux alouettes pour les victimes abusées de la sorte.

Deux témoignages nous aideront à saisir cette différence entre envie et Désir.

> *Lorsque son frère Christophe lui propose le rachat de sa société, Babette est folle de joie, mais un peu sceptique. Elle insiste :*
>
> *« Tu es sûr de ce que tu avances ? Méfie-toi, car j'y crois !*
>
> *— Mais enfin, Babette, papa et maman, ici présents, seront témoins de ma parole. »*

---

1. Juan-David Nasio, *Cinq leçons sur la théorie de Jacques Lacan*, Rivages, 1992, p. 84.

Débute alors avec son frère un temps de bonheur qu'elle qualifie d'« absolu ». Il lui offre la seule et unique chose qui manquait à son épanouissement. Christophe satisfait une envie insensée de Babette et non un Désir.

Valérie, notre jeune veuve, elle, a bien ressenti l'euphorie d'un Désir comblé. Elle raconte : « J'étais tellement centrée sur le bonheur de mes enfants que j'étais convaincue que cela suffisait à ma vie. J'avais envie de rencontrer un autre homme, mais comme père d'adoption pour mes poussins et, jusqu'ici, je n'avais jamais cédé à ceux, pourtant bien sympathiques, qui me vénéraient comme maman courage. Bernard m'a tout de suite valorisée comme femme, mettant constamment en valeur ce que je prenais pour des défauts : mes "grosses" fesses devenaient "pulpeuses", mes "petits seins" étaient "attendrissants", mes jambes "arquées" avaient tout de celles de Marilyn, etc. Cette belle surprise passée, j'ai eu droit plus tard à "pousse-toi avec ton gros cul"... »

Bonheur « absolu », paradis avant l'enfer. Pour arriver à le faire miroiter aux yeux de sa victime, le pervers, sans aucune préméditation consciente, met en place une tactique minutieuse. Il ne choisit pas sa victime au hasard. Il l'observe et la teste. C'est pour lui une période de camouflage, d'adaptation stratégique : il fait le « caméléon ». Lorsque le profil lui paraît approprié, alors il la séduit. Comment s'y prend-il ? Une fois sa proie flairée, grâce à son œil de lynx décrit plus haut, il connaît instinctivement chez elle la brèche qui espère être colmatée, les blessures cachées qui aspirent à être cicatrisées, les Désirs inconscients qui brûlent d'être satisfaits, bref, les attentes concrètes, impalpables et inassouvies. Cette connaissance est d'autant plus aiguisée qu'aucune émotion ne vient la « pervertir », son analyse est froide, machinale, naturellement patiente.

> *En plus de sa réhabilitation comme femme, Valérie, dépassée par ses deux petits enfants de quatre et six ans, s'entend promettre tout ce qu'elle avait envie d'entendre comme maman : « J'apprivoiserai ta confiance, je comblerai tes manques et ceux de tes enfants, tu n'es plus seule, je suis là maintenant. Toi, d'un naturel si rieur, tu n'auras plus jamais de moments de tristesse. »*

Traquée avec ténacité, puis enfin ferrée, la victime repue se voit imposer un petit jeu sadique mêlant promesse et parjure, absence et présence, pour mieux lui faire expérimenter la privation abyssale et son corollaire : la dépendance toxique.

« Chaque fois que Françoise [Gilot] se repliait sur elle-même ou s'éloignait, il [Picasso] courait après elle pour la séduire de nouveau. Mais dès l'instant où il décelait le moindre signe de vraie tendresse et d'intimité entre eux, il la repoussait : "Je ne sais pas pourquoi je t'ai dit de venir. Ce serait plus drôle d'aller au bordel[1]." »

Les victimes des pervers sont loin d'être masochistes, rappelons-le pour ceux qui oseraient l'horrible sous-entendu « il n'y a pas de fumée sans feu »... C'est bien parce qu'elles ont vécu initialement ce moment de béatitude quasi parfait qu'elles vont s'attacher. Cette phase de préparation de la

---

1. Arianna STASSINOPOULOS HUFFINGTON, *Picasso, créateur et destructeur*, *op. cit.*, p. 414.

cible, de conditionnement, correspond à une période de fusion pendant laquelle elles goûtent réellement un temps suspendu féerique, un rêve éveillé, un état de plénitude. L'âme exulte, le pervers devient vital et est « adopté ». C'est *éros* (l'amour-passion) qui brûle, à sens unique, dans le cœur de la victime et non *philia* (l'amour-amitié), qui est le présage d'un bonheur partagé et durable.

Carole revient avec une pointe de nostalgie sur les premiers temps de sa relation avec Jacques: « C'était une période merveilleuse. J'étais comme une affamée à un buffet de village de vacances ! Il nourrissait tous mes désirs, tous mes espoirs ! »

Après la comparaison introduite plus haut avec le caméléon, le lien avec le coucou s'impose ici. Le pervers se fond d'abord dans le paysage, puis s'infiltre dans la vie d'autrui, comme le coucou, oiseau d'une perversité proverbiale. Le coucou repère avec précaution un nid, le plus souvent celui d'une rousserolle qui vient de pondre. La femelle coucou passe de longues heures dans la roselière à observer son comportement. Elle attend son départ, fonce à sa place, prélève un œuf et un seul qu'elle gobe aussitôt, pond un œuf de couleur et de taille à peu près identiques aux autres. Dans ce nid d'emprunt, l'oisillon coucou éclot, puis vit en parasite, accueilli avec une confiance aveugle dans ce milieu usurpé. Même lorsqu'il fait rouler les autres œufs et les autres oisillons hors du nid en les poussant avec son dos jusqu'au bord et en les faisant passer par-dessus. La femelle d'adoption se montre longtemps complaisante et tolérante avec ce petit coucou devenu familier, trop familier. Il lui faudra, comme à la victime du pervers, beaucoup de force et d'obstination pour se débarrasser de cette empreinte : le contact a été tellement puissant et singulier qu'il laisse pour longtemps une trace profonde et unique.

Une fois son bourreau « adopté », la proie voit s'entremêler la fascination, la paralysie et l'hypnose, que nous allons à présent détailler. L'appropriation s'accroît au fur et à mesure que la victime tente de se libérer, l'organisation tentaculaire du pervers se resserrant de plus en plus.

Fasciner : théorie des névroses de Freud

Babette entame donc des relations professionnelles avec son frère, qui lui a fait un cadeau inestimable, mais... empoisonné en lui cédant sa société !

« Je suis tombée de ma chaise le jour où il a ri aux éclats en louant ma naïveté pour avoir cru à une vente à un euro. Je lui ai alors rappelé la présence de nos parents et son engagement devant eux. "Pff, les parents, j'en fais ce que je veux !" J'étais scotchée ! Je ne pouvais plus ni répondre ni bouger, j'avais les yeux écarquillés. À partir de ce jour, avant et après la vente, il m'a fait vivre un jeu infernal d'attrape-moi-si-tu-peux. L'autre moment fort de ces débuts a été le piratage de ma messagerie. Il m'assurait que c'était pour lui un mal nécessaire, afin de vérifier mes intentions avant la vente. C'était tellement énorme que... comme un automate, j'ai quand même poursuivi les négociations, fascinée. »

Étymologiquement, *fasciner* vient du latin *fascinare* qui signifie « enchanter, jeter un sort »... La fascination de la victime est double : pour les joutes du pervers avec la Loi et pour ses jeux avec son refoulement à elle (c'est-à-dire cette capacité ordinaire à repousser dans l'inconscient les conflits internes).

> *«Je voyais Jacques magouiller avec le fisc, échafauder de surprenants montages de sociétés. Il jubilait, et je dois avouer que je l'admirais un peu, j'étais bien incapable non seulement de faire de même, mais encore de l'imaginer!» concède Carole.*

Le névrosé « normal », nous l'avons vu, s'interdit les pulsions défendues et les refoule. Le pervers, de son côté, n'hésite pas à les réaliser, surtout celles que sa proie réprime. Le névrosé « normal », sans savoir pourquoi, est ainsi conquis par cette personne qui s'autorise l'« impossible », qui assouvit ses tendances inavouées, qui éclaire sa propre « part obscure[1] » ! Des actes minuscules de la vie courante à des positions extraordinaires, tout sidère, attire, éblouit.

Les victimes ne sont pas les seules à éprouver cette fascination, écrivains et journalistes se sont souvent passionnés pour le côté sombre de certaines célébrités.

Arianna Stassinopoulos Huffington dévoile ainsi la force destructrice de Picasso : « Picasso n'avait aucun doute : c'était un homme qui avait le droit de dépasser les limites pour atteindre ce qu'il voulait[2].» Ou encore : « Il faisait rarement du mal par accident ou par négligence. Il avait voulu montrer clairement que c'était lui qui fixait les règles

1. Élisabeth Roudinesco, *La Part obscure de nous-mêmes, Une histoire des pervers*, Albin Michel, 2007, p. 15.

2. *Picasso, créateur et destructeur*, *op. cit.*, p. 436.

et qu'elle [Dora] devait les suivre ; que c'était sa prérogative à lui, s'il le désirait, de ne tenir aucune promesse, de faire exactement ce que lui dictait son caprice[1]. »

Dans une interview du 5 août 2008, c'est le magazine *Première*, sur son site internet, qui s'intéresse à Hitchcock, accusé de perversité par Tippi Hedren – héroïne mythique de son fameux *Les Oiseaux* : « On parle d'un esprit brillant, qui était d'un génie hors du commun, maléfique, et déviant, au point d'en être dangereux, parce qu'il pouvait avoir un effet imprévisible sur certaines personnes. » Et elle précise que si les lois sur le harcèlement avaient existé à l'époque, elle serait une « femme riche » aujourd'hui.

De façon identique, certains téléspectateurs sont captivés par les émissions de télé-réalité fourmillant d'exemples de persécuteurs fortement médiatisés, bien plus que les gentils participants : *Les Anges de la télé-réalité*, *L'Île des vérités*, *Loft Story*, *L'Île de la tentation*, *Secret Story*, etc., déploient leur lot de grossièreté, de sexe, de déballages indécents… Exhibitionnistes et voyeuristes ? On ne sait plus qui est pervers dans ces histoires : ceux qui se dévoilent, ceux qui regardent, ceux qui filment ou ceux qui diffusent ? Cette fascination est offerte de façon croissante dans la littérature (voir le succès de *Cinquante nuances de Grey*), le cinéma, la publicité, les magazines, Internet où la promotion du lien pervers est inéluctable. L'art n'est pas en reste avec, par exemple, en 2000, l'exposition itinérante *Koperwelten* qui a « fasciné » plus de sept millions de visiteurs en mettant en

1. *Ibid.*, p. 479.

scène des cadavres siliconés : la perversion mêle ici l'art, la mort, la beauté, le commerce, la transgression, la barbarie… Éros et Thanatos luttent devant nous et en nous.

Enfin, devant sa victime déconcertée, le pervers ajoute, aux jeux avec l'amour et la mort, des jeux avec la Loi, dont il a besoin pour pouvoir la transgresser. « Il ne veut pas renverser l'ordre établi pour en imposer un autre, fut-il l'opposé. Il veut un non-ordre malléable à son gré à tout moment[1]. » Il s'agit principalement d'un jeu érotisé qui s'en prend aux idéaux d'une société qu'il convient soit de défier ouvertement soit de manipuler secrètement. Le pervers instaure sa propre loi, fluctuante, adaptable aux circonstances, enfreignant ou ridiculisant la loi commune : sa fin justifie ses moyens.

Picasso « disait qu'il n'avait aucun intérêt à être juste, qu'en fait il aimait, il aimait vraiment être injuste. Ça lui donnait l'impression d'être davantage un dieu primitif[2] ». Le délire de grandeur s'ajoute ici aux jonglages avec la légitimité.

Le pervers tourmente le névrosé qui respecte cette Loi. Il s'amuse de son intégrité : « Cap ou pas cap ? » Jusqu'où pourra-t-il tenir sa position légaliste ? Comment l'inciter à repousser les limites du Droit pour qu'il endure ensuite une angoisse physique et une culpabilité morale intenables ? C'est Freud qui répond à ces questions avec cette définition :

1. Maurice Hurni, Giovanna Stoll, *La Haine de l'amour*, *op. cit.*, p. 246.

2. Arianna Stassinopoulos Huffington, *Picasso, créateur et destructeur*, *op. cit.*, p. 460.

« La névrose est pour ainsi dire le négatif de la perversion[1]. » Pour cette raison, la victime est envoûtée par ce talent pour la transgression, là où elle s'oblige souvent avec difficulté à renoncer et à respecter. Elle s'imagine avec envie et frustration que, ce faisant, le pervers jouit de tout, tout le temps… Ignorant que celui-ci est bien incapable de jouir d'autre chose que… de son embarras à elle, et encore cette jouissance est-elle loin d'être effective. Il s'agit bien plus d'une volonté de jouir que d'une jouissance réelle !

Paralyser : doubles contraintes de Bateson

Babette vit très vite une succession de doubles contraintes avec la toute première qu'elle qualifie de « superbissime » : « Ma société ne vaut rien, mais elle coûte très cher », affirme son frère. Vont alors suivre, au fil des mois et des années, d'autres aberrations analogues : « Pour rédiger ce contrat il n'y a pas de problème, entre nous ça marche à la confiance et tu seras une traîtresse si tu n'acceptes pas mes petites trahisons. » Ou encore : « Comme tu es brillante, cette société va prospérer, je vais donc te proposer le prix qu'elle vaudra dans quelques années ; si tu avais été moins bonne, tu l'aurais eue pour une bouchée de pain ! » D'autre part, il impose un : « Je me retire, mais je reste », qui a laissé Babette abasourdie. Pour finir, elle lui a dit un jour : « Mais tu es complètement fou ! » Ce à

1. Sigmund Freud, *Trois essais sur la théorie sexuelle* (1905), Flammarion, coll. « Champs classiques », 2011, p. 134.

quoi il a rétorqué : « Sois polie, connasse », une formulation digne du parfait manuel de la double contrainte !

Le pervers est champion toutes catégories de la « double contrainte », transposition française de l'expression *double-bind* (« double lien »). Cette notion, traduite dans un premier temps par « injonctions paradoxales », a été proposée en 1956 pour expliquer les causes de la schizophrénie, sous l'impulsion de Gregory Bateson.

Prenons un exemple. Une femme offre à son mari deux cravates, une bleue et une rouge. Le mari met immédiatement la bleue et son épouse conclut : « Tu n'aimes donc pas la rouge ! » Le pauvre homme est ici acculé à une situation inextricable où en sortir est également vain ; il est d'avance disqualifié, qu'il porte l'une ou l'autre cravate, ou les deux en même temps, ou aucune !

Une double contrainte désigne l'ensemble de deux consignes ou de deux propos qui s'opposent mutuellement, aggravés par la situation paralysante qui en résulte.

Gregory Bateson synthétise ainsi ce mécanisme de la double contrainte : « Vous êtes damné si vous le faites, et vous êtes damné si vous ne le faites pas. » À l'inverse, le dilemme présente, lui, un choix difficile ou problématique, mais possible.

Armelle se rappelle un décalage dans le temps de deux informations contradictoires. Son mari Daniel lui reprochait invariablement d'être désorganisée et cependant, en sa présence, il louait auprès de sa mère son sens incroyable de l'organisation.

En revanche, elle se souvient d'une double contrainte non décalée cette fois, qui, malgré ses protestations, revenait inlassablement : « Daniel s'émerveillait de ma façon de conduire, j'étais la seule femme au monde aussi adroite, aussi douée et, pendant l'énumération de mes qualités, il intercalait : "Attention au camion à gauche… Tu dois rester plus longtemps au stop… Ta distance avec la voiture précédente est trop courte… Là, tu t'es rabattue trop vite", etc. »

Armelle précise : « C'est cette accumulation phénoménale d'opinions contraires qui m'a aussi révélé sa perversité. »

Un exemple, plus drôle, est tiré de la bande dessinée *Astérix en Corse* :

« Je n'aime pas qu'on parle à ma sœur.
— Mais elle ne m'intéresse pas, votre sœur.
— Elle te plaît pas, ma sœur ?
— Mais si, bien sûr, elle me plaît…
— Ah, elle te plaît, ma sœur !!! Retenez-moi ou je le tue ! »

Ce court dialogue n'est pas sans rappeler, dans un conte de Perrault, celui – pervers, cette fois – entre un père roi incestueux et sa fille, la princesse Peau d'Âne :

« Ma fille, je vous aime et veux vous épouser.
— … Mais mon père !
— Vous ne m'aimez pas ?
— Si !
— Eh bien alors ! »

Ce long préambule a pour objectif de faire ressentir de façon intelligible, sensible, ce chaud et ce froid soufflés au même moment, cette pénible inhibition obtenue par des techniques de disqualification avec lesquelles le pervers s'amuse. Une telle attaque, récurrente pour ce dernier, est vicieuse, parce qu'elle est difficile à détecter sur le moment et même après coup. La gêne qu'elle suscite, dont l'origine est méconnue pour la proie, est envahissante, « muselante », fragilisante.

Carole en est encore offusquée : « Jacques avait tendrement mis son bras sur mon épaule quand il m'a annoncé le premier abus de confiance, celui qui a entraîné la première plainte pénale, car j'avais fait la lourde erreur de m'associer avec lui. Mais j'ai d'autres exemples ! Il faisait croire qu'il me protégeait et il m'a mise sur la paille pour l'achat de notre appartement. Il était généreux et radin, mais aussi confiant et jaloux, amical et rancunier. »

Une anecdote, enfin, de ce que nous pourrions qualifier de « triple contrainte » :

> *Jacques s'approche de Carole avec un air dégoûté. Et pourtant, il s'exclame : « Comme tu es belle, c'est à peine croyable ! » Puis dans un même souffle, il questionne : « Est-ce que tu as déjà songé à la chirurgie esthétique ? » Carole est tiraillée entre un message verbal positif opposé à une moue négative et à une proposition carrément insultante !*

Ces situations, nommées quelquefois « incompossibles », ou « paradoxes intentionnels », réitérées par le pervers, sont rapidement amplifiées par des doubles contraintes internes à la victime : l'adoration et la haine, deux sentiments contradictoires qui cohabitent de manière déconcertante ; adoration de cet amoureux qui a nourri sa conquête au-delà du possible et haine envers cet homme qui lui refuse subitement sa drogue douce pour la remplacer par du fiel. Autre double contrainte interne, la loyauté envers son partenaire (qui réclame qu'on s'oublie pour lui seul) et la loyauté envers soi-même (que l'on trahirait en succombant). Ces ressentis antinomiques parachèvent une ankylose physique, mentale, affective, avec blocage de la perception de la réalité, dans un inconfort complet.

Notons au passage que le pervers vit lui-même une double contrainte : affirmation de soi et déni de soi. Mais son absence d'identité et d'affect le préserve de la paralysie.

Hypnotiser : hypnose d'Erickson

Avec le recul, Babette accorde : « J'ai découvert mon frère, de huit ans mon aîné, sous un autre jour, moins glorieux bien sûr, mais je me suis dit qu'il était sacrément culotté et qu'il fallait du cran pour oser se comporter avec moi comme avec un quelconque dirigeant. Je pensais n'avoir pas mesuré combien le monde entrepreneurial était un monde de requins. J'arrivais même à le trouver malin. J'étais à la fois émerveillée et hypnotisée. »

Quel lien peut-il y avoir entre perversité et hypnose ?

Une patiente d'une quarantaine d'années, Lucie, en analyse depuis deux ans, souligne ce point. Elle se débattait depuis six mois avec un nouvel amoureux, tour à tour très épris ou très dédaigneux, très doux ou très violent, très présent ou très absent, etc. Ces doubles attitudes étaient imprévisibles et dépourvues de raisons. « Je suis en prison, je sais que je devrais partir loin de cet homme, mais cela m'est totalement impossible, moralement impossible et… même physiquement infaisable, je suis subjuguée… je suis… je suis… anesthésiée. Non, hypnotisée. »

Ces propos très imagés révèlent le douloureux envoûtement moral de Lucie, assorti d'une réelle dépendance physique tout aussi déplaisante. La fascination et les doubles contraintes, déjà citées, ajoutées à des discours « confusionnants », sont les socles de la mise sous hypnose.

Qu'est-ce que l'hypnose ? En dehors d'une utilisation thérapeutique ou maléfique (par des pervers ou des gourous), c'est au préalable un phénomène banal, quotidien et régulièrement vécu par chacun. Comme M. Jourdain, qui faisait de la prose sans le savoir, nous opérons – à notre insu – des « transes hypnotiques spontanées » plusieurs fois par jour. Lorsque nous sommes plongés dans une lecture passionnante, lorsque nous regardons un film captivant, lorsque nous voyageons longuement en train ou en avion, lorsque nous faisons des rêves éveillés ou que nous sommes « dans la lune », nous entrons dans ce qu'il est convenu d'appeler un « état de conscience modifié ». Là encore, les sensations physiques sont très présentes : le rythme respiratoire est diminué, la tension et le pouls sont également très lents. Lucie, elle, vit cette transe avec un pervers. L'hypnose est pour ce dernier une arme naturelle qu'il adopte avec une habileté redoutable. Redoutable, car imperceptible dans son engrenage !

Kaa, le serpent pervers du *Livre de la jungle*[1], l'utilise de manière innée, immatérielle, presque magique. Il répète

1. Rudyard Kipling.

plusieurs fois sa célèbre induction hypnotique, ces deux mots sésame d'une entrée en relaxation et en acceptation, « Aie confiance... », qu'il agrémente, çà et là, de propos séducteurs : « Crois en moi, que je puisse veiller sur toi... » Cela ressemble à s'y méprendre à la phase d'approche enjôleuse du pervers, où ruse, manipulation et hypnose sont là pour triompher de l'autre.

> *Armelle : « Un jour où j'étais dans le train pour un court séjour à Tours, chez ma mère, j'ai ouvert mon portefeuille afin de ranger ma monnaie. Daniel m'avait tellement éblouie que, lorsque je suis tombée sur sa photo, j'ai été tétanisée pendant un long moment. Je n'arrivais pas à détacher mon regard de cet homme, mon homme. »*

C'est Milton H. Erickson, psychiatre américain, créatif et très taquin, qui ébauche puis développe, à partir de 1960, l'hypnose nouvelle. Contrairement à l'hypnose traditionnelle, elle promeut l'autoguérison. C'est le patient lui-même qui est incité à évaluer ses propres ressources grâce à des bains de suggestions et à un état de conscience modifié, léger, moyen ou profond[1]. Pour hypnotiser, des techniques d'une grande richesse et adaptées à chacun se chevauchent constamment :

- voix particulièrement changeante (les intonations sont très variées et pas toujours appropriées au contexte, ce qui est déstabilisant) ;

---

1. Nous évoquerons l'utilisation thérapeutique de l'hypnose dans la troisième partie de cet ouvrage.

- fixation de la conscience (concentration du patient sur, par exemple, un paysage particulier qui est évoqué de manière détaillée) ;
- utilisation de la résistance de certains patients (Erickson les rendait de plus en plus rétifs à la séance d'hypnose avec lui, puis les faisait mettre en transe par quelqu'un d'autre) ;
- technique du saupoudrage (souligner discrètement certains mots dans une phrase) ;
- double contrainte (décrite plus haut).

Si l'hypnose peut être induite volontairement à des fins de guérison, les pervers prouvent qu'elle est reproductible artificiellement. On comprend que mettre sa victime en état de conscience modifié est aisé pour celui qui manie avec autant d'adresse la capacité à combler, à fasciner et à paralyser. Perfidement, en dehors de tout projet thérapeutique, cette mise sous hypnose peut être utilisée dans un but sinistre… jouer avec la morale de l'autre, par exemple.

Ces théories offrent la possibilité de cerner, pour mieux les contenir, les attitudes dispersées et dissociées des pervers. Elles vont nous permettre à présent de détailler les « outils » employés pour une mise sous emprise glaciale. C'est de nouveau le souci de trier, de regrouper et de classer qui guide l'étape suivante. Comme au jeu d'échecs, les théories sont ici en nombre assez limité. En revanche, leurs applications engendrent une quantité de parties gigantesque. C'est cette infinité de combinaisons possibles dont use le pervers qui fascine les chercheurs et les malheureuses victimes. Pour explorer ce magnétisme, il nous faut décomposer ces « combinaisons » de techniques.

RÉSUMÉ

Quelles théories décrivent la stratégie perverse ?

1. Ferrer sa proie : « objet *a* » de Lacan

- Dans la phase de séduction, le pervers identifie avec une précision démoniaque ce que sa victime désire et qu'elle ignore elle-même.
- Cet objet, cause de son Désir (« objet *a* »), représente ce avec quoi il va pouvoir l'appâter avec certitude.
- Le Désir non identifié par la victime symbolise un manque inconnu, indéfinissable, qui aspire à être comblé (contrairement à l'envie, qui désigne la quête d'un objet précis, nommable).
- Enfin ferrée, car comblée, la victime est alors frustrée par le pervers, le paradis devient progressivement enfer, elle se voit imposer un jeu sadique mêlant promesse et parjure.

2. Fasciner : théorie des névroses de Freud

- Le pervers fascine sa victime en réalisant les pulsions qu'elle s'interdit, qu'elle refoule.
- « La névrose est pour ainsi dire le négatif de la perversion », explique Freud, ce qui éclaire cette fascination pour les transgressions perverses, en particulier le jonglage avec la Loi.

3. Paralyser : doubles contraintes de Bateson

- Une double contrainte désigne l'ensemble de deux consignes émises en même temps, mais qui s'opposent complètement.
- Tiraillées entre deux ordres contradictoires, les personnes sont paralysées, c'est l'« art de rendre fou ».
- Le pervers use et abuse de cette technique, difficile à repérer pour la victime.
- Cette victime vit également des doubles contraintes internes : adoration et haine de son bourreau, par exemple.

4. Hypnotiser : hypnose d'Erickson

- L'hypnose correspond à un état de conscience modifié.
- Le pervers induit cet état chez sa victime grâce aux trois autres stratégies décrites ci-dessus : ferrer sa proie, fasciner et paralyser.

Comment le pervers s'y prend-il concrètement ?

Actes et paroles ont un seul et unique objectif : le jeu destructif, c'est-à-dire le fait de s'amuser à démolir l'autre, d'étouffer en lui toute forme de vitalité. Pour la proie, soumise à ces actes et à ces paroles, il ne s'agit sûrement pas d'un jeu, mais d'un « traumatisme ». Boris Cyrulnik est clair sur ce terme : « On ne peut parler de traumatisme que s'il y a une effraction, si la surprise cataclysmique ou parfois insidieuse submerge le sujet, le bouscule et l'embarque dans un torrent, dans une direction où il aurait voulu ne pas aller[1]. » Comme nous le verrons, la victime d'un pervers sera, elle, submergée par la surprise « cataclysmique » *et* « insidieuse ».

Ces techniques sont utilisées soit en même temps, soit en alternance, soit isolément, dans un jeu du chat et de la souris (tantôt patte de velours, tantôt griffes dehors) contrôlé à l'instinct par le pervers, afin que sa proie soit salie, séduite, jetée, récupérée, rejetée, etc., et surtout qu'elle ne s'enfuie pas.

1. *Le Murmure des fantômes*, Odile Jacob, coll. « Poches », 2003, p. 20.

La dissimulation

Les prédateurs restent tapis dans l'ombre pour attaquer au bon moment.

Babette, malmenée depuis plusieurs mois par son frère Christophe, est inquiète en se rendant avec son fiancé au dîner de Noël chez ses parents, où elle espère souffler un peu. C'est au dessert que Christophe annonce qu'il a bien réfléchi et que, malgré le talent évident de Babette, il se sacrifie pour l'accompagner dans la gestion de sa société. Il ne prendra que 25 % des bénéfices. Donc exit le cadeau à un euro et exit sa disparition de l'affaire ! Les parents, sous influence également, proposent du champagne pour fêter ce beau geste… Babette reste bouche bée, elle sait combien sa mère s'est investie dans cette « trêve » de Noël, combien son père, cardiaque depuis peu, rêve d'une réconciliation entre ses deux enfants, combien son fiancé commence à être usé par ces conflits familiaux, bref, elle se sait muselée. Christophe ne s'y trompera pas et saura, le moment venu, lui rappeler son mutisme ce jour-là. Babette conclut : « C'était retors, indémontrable, délétère. »

Les pervers sont des professionnels de la double vie et de la double personnalité.

« Je ne reconnais pas mon épouse lorsque nous sommes en société, ce n'est plus la même femme : la séduction et la douceur prennent le pas sur son ennui et sa brusquerie », déclare Jean, malheureux conjoint d'une perverse.

Le pervers agit dans l'ombre, avec rapidité, pour surprendre. Il attend le moment favorable et bondit soudain sur sa proie, souvent à l'abri des regards. Les mauvais traitements sont rarement visibles (dans les perversions morales), ils sont perpétrés en secret. Dans l'intimité, le pervers ne peut retenir ses pulsions. Il est cependant rare qu'un pervers moral passe à l'acte en faisant subir, en plus des violences psychologiques, des violences physiques : il tient beaucoup trop à l'admiration, à la reconnaissance sociale, il veut être perçu comme un homme idéal. Par ailleurs, il est conscient qu'une blessure physique peut déclencher un électrochoc et faire fuir son objet-jouet primordial. Il peut, en revanche, crier, bousculer l'autre, casser la vaisselle, menacer, s'approcher sous le nez de sa victime pour l'effrayer, donner des coups de poing sur une porte ou un mur… Il sait ainsi faire planer une hypothétique agression physique, ce qui est plus subtil.

Valérie est très claire à ce sujet : « Bernard ne m'a jamais frappée, mais j'étais sûre qu'il pouvait me tuer. »

En revanche, lorsque à la perversité est liée une autre pathologie, comme une psychose maniaco-dépressive (des hauts et des bas spectaculaires) ou une paranoïa (délire de persécution), alors la violence physique peut apparaître dans toute son horreur.

Le viol conjugal est, lui, plus fréquent, car il est quasi impossible à prouver s'il n'y a pas de stigmates physiques : quoi de plus normal que d'avoir des relations sexuelles avec sa femme ? S'en plaint-elle ? Il s'agissait d'un jeu, et elle était bien contente, il me semble ! Cependant, le 17 octobre 2013, un homme a enfin été condamné à trois ans de prison ferme par la cour d'assises du Val-de-Marne pour avoir violé son épouse. Maître Clotilde Lepetit, avocate de l'association Ni putes ni soumises, qui s'était constituée partie civile, a déclaré que ce procès était « emblématique ».

Valérie était tellement désemparée face à l'absence de témoins et de traces tangibles de ses brimades qu'elle osera avouer plus tard: « J'en arrivais à regretter de ne pas recevoir de coups ! » Il est vrai que les rares témoins ont concédé ensuite que l'humour de Bernard les empêchait d'intégrer la cruauté de certains de ses propos.

Quelquefois, les sévices verbaux sont commis au vu et au su de tous, mais avec une telle adresse que seules les personnes visées sont blessées. « Il procède par petites touches déstabilisantes, de préférence en public, à un moment où elle [la victime] ne peut rien répondre[1]. » Il est des exactions silencieuses.

Christelle sort d'une réunion et s'entretient avec ses trois consœurs sur l'attitude de M. X qui a animé leur débat.

« C'est à peine croyable, je n'ai pas pu réagir lorsqu'il m'a assaillie – l'air de rien – sur ma difficulté à reprendre mes études. C'était méprisant, mais tellement bien enrobé !

— Mais c'est faux, rétorque Anna, c'est moi qui ai été lapidée par le ton arrogant sur lequel il a asséné – discrètement pourtant – son discours sur les mères célibataires... »

Les deux autres collègues protestent de la même manière, l'une au bord des larmes, l'autre en colère, convaincues que chacune était concernée par une pointe cynique. Elles

1. Marie-France Hirigoyen, *Le Harcèlement moral*, Syros, 1998, p. 25.

se regardent alors toutes les quatre, stupéfaites de cette habileté de l'animateur à saupoudrer ses propos de flèches empoisonnées parfaitement ciblées, à l'insu des autres. Après avoir constaté cet odieux talent, elles ont choisi en chœur de ne plus le revoir !

La séduction

Séduire pour manipuler et manipuler pour séduire…

« Je garde un souvenir ému des premiers propos de mon frère lors de son projet de "don" de sa société, avoue Babette. J'en suis encore bouleversée, alors que je connais l'horrible suite. Mais comment résister lorsque son frère aîné rappelle sa tendresse envers sa petite sœur "tant chérie" le jour de sa naissance, avec des trémolos dans la voix ! Il m'a confié ses premiers émois devant ce "bout de chou si adorable, avec ses toutes petites mains et ses tout petits pieds"… »

Avant d'imposer son rapport de force, le pervers doit apprivoiser son objet de convoitise. Il se présente sous des abords sympathiques, n'hésite pas à user de flatteries exagérées ou subtiles, se montre attentif, aimable, dévoué, admiratif, à l'écoute. Cette première phase a un seul objectif très précis : le « décervelage[1] »…

1. Paul-Claude Racamier, « Pensée perverse et décervelage », *Gruppo*, Apsygée, 1992, 8.

Comme nous le précisions dans le chapitre sur l'« objet *a* », le bourreau n'énonce pas n'importe quelle flagornerie au hasard. Non, il vise la faiblesse spécifique à chacune de ses conquêtes. Malin, le renard, dans la célèbre fable, ne complimente pas le corbeau sur son intelligence, sa générosité ou sa malice. Il pointe directement sa noirceur et sa laideur, qui rendent cet oiseau repoussant :

> « *Hé ! bonjour, Monsieur du Corbeau,*
> *Que vous êtes joli ! que vous me semblez beau !*
> *Sans mentir, si votre ramage*
> *Se rapporte à votre plumage,*
> *Vous êtes le phénix des hôtes de ces bois.* »

Le rusé-pervers encense donc avec excès, jure son attachement, vous promet tout, vous ensorcelle. Il abaisse ainsi vos défenses, en particulier votre fonction de « pare-excitation ». Ce terme est une métaphore introduite par Freud[1], qui conçoit l'appareil psychique (l'esprit, en quelque sorte) comme entouré d'une membrane, d'une bulle protectrice. Cette enveloppe sert à vous prémunir contre l'intensité de stimulations extérieures nuisibles, elle filtre les émotions négatives excessives pour prévenir un traumatisme, elle évite que votre capacité d'absorption ne soit débordée. C'est un peu comme un rhéostat, ou système antifeu, qui stoppe l'incident, sauf s'il est vraiment trop fort. En vous amadouant, le pervers, tel le cheval de Troie, arrive à faire effraction dans ce système de défense, à déchirer

1. Sigmund Freud, *Au-delà du principe de plaisir*, *op. cit.*

cette bulle. Et comme vous êtes désarmé, il lui sera plus simple de vous couler par surprise, car :

« *Apprenez que tout flatteur*
Vit aux dépens de celui qui l'écoute[1]. »

Le mimétisme est pour cela une technique infaillible : imiter les attitudes de son interlocuteur, reformuler ses paroles, résumer ses propos, questionner avec une généreuse sollicitude, se synchroniser sur l'autre, donnent l'apparence d'un accord parfait. Lorsque ce comportement est sincère et bienveillant, il porte le nom d'« écoute active »… Encore un détournement d'une technique positive enseignée dans une bonne formation en communication !
Cette séduction, comme nous l'avons déjà évoqué, s'exerce aussi en société où le pervers se veut brillant, charmeur, aimable, cultivé, enjôleur… cachant avec aisance son double visage. Il n'hésite pas à afficher une belle façade avec de nobles valeurs – humanisme, affection, gentillesse, prévenance – qui sont très vite démenties en privé.

La désinformation

Suggérer et laisser croire

Babette : « Mon frère déformait les informations avec autant d'acharnement pour des choses capitales que pour des

1. Jean de La Fontaine, « Le Corbeau et le Renard », *Fables*, 1668.

> *broutilles, et je le voyais se réjouir de mes enquêtes acharnées pour soulever des lièvres ou découvrir des petitesses.* »

La parole est l'arme majeure du pervers. Plutôt que de parler de « communication », il est approprié d'utiliser les termes *désinformation* ou *simulacre de communication*. Dans *communication*, il y a la racine latine *cum*, qui signifie « avec ». Or, le pervers n'est « avec » personne. La phase de séduction terminée, il profère avec une férocité croissante – surtout s'il se sent menacé – des mensonges, des contrevérités, des soupçons, des insinuations, des allusions, des déclarations péremptoires. Il manie le dénigrement, le chantage, l'humiliation, l'ironie, la mauvaise foi, le tout agrémenté de non-dits ou de mutismes soudains. Il a fait sienne la constatation du philosophe Francis Bacon : « Calomniez, calomniez, il en restera toujours quelque chose[1] ! »

> *Concernant la communication de Jacques, Carole est explicite : « L'audace, le toupet étaient énormes, mais il y croyait, donc ça passait. La charge de la preuve était toujours de mon côté. Sa mauvaise foi aurait dû crever les yeux des plus naïfs… Le dénigrement visait aussi mon physique, dont je doutais beaucoup. Pour une soirée déguisée, j'avais choisi de porter une robe très moulante et décolletée, audace que je m'autorisais du temps où j'étais si heureuse de vivre. Quand je l'ai essayée, il a fait une moue dégoûtée. Je suis quand même partie comme ça et les compliments ont fusé, mais j'étais bien incapable de les recevoir. Je suis rentrée seule*

1. *De dignitate et augmentis scientiarum*, 1623.

et je me souviens que, dans l'ascenseur de notre immeuble, je me suis regardée dans les glaces, persuadée que j'étais affreuse, grasse et ridicule. »

Souvent, le pervers ne finit pas ses phrases, utilise des mots à double sens, se montre évasif, passe du coq à l'âne, fait des demandes détournées… dans un climat instable marqué par des changements d'humeur aléatoires pour la victime.

Patricia : « Charles me réclamait un article sur telle ou telle manifestation locale en laissant ses directives en suspens, en réitérant des "mais tu vois bien ce que je veux dire" et des "pas la peine de perdre du temps à t'expliquer" ; je devais lui faire répéter, demander des précisions, ce qui l'irritait chaque fois, et je me retrouvais éjectée de son bureau, penaude et de plus en plus convaincue de ma bêtise crasse. D'autres fois, il me parlait d'un événement, puis ajoutait qu'il avait toutes les infos, mais qu'il ne pouvait rien publier, car : "Je ne peux pas t'en dire plus, je suis au courant, mais…" »

Notons que le pervers persifle constamment, alors que lui-même ne supporte aucun jugement négatif à son endroit, sa susceptibilité étant maladive. Si quelqu'un se hasarde à formuler le moindre commentaire, ce cabotin se montrera d'une sensibilité démesurée.

Cette propension à critiquer progresse en trois phases[1], en entonnoir : il vilipende le monde en général, puis les proches de la victime et, enfin, la victime elle-même, sur laquelle il va s'acharner.

---

1. Audrey Taline, *Face aux manipulateurs*, Eyrolles, 2011, p. 36.

Carole ajoute: «En tant que patron de société, Jacques ne recrutait aucune forte personnalité, afin de pouvoir humilier ses collaborateurs sans crainte de rebuffade. Mais il ne se contentait pas de rabaisser les gens, il dépréciait ce qui était beau et pur; il revisitait les événements de façon ravageuse, sournoise, surtout ceux devant lesquels je m'extasiais.»

Tout est bon pour salir, projeter sa propre angoisse. Tout est bon pour arriver à ses fins: déshumaniser et écraser l'autre. Ces ravages s'accomplissent sans faillir, puisque aucune sympathie ni empathie ne viennent brouiller ou ralentir ce processus diabolique.

Valérie se souvient avec effroi: «Comme je demandais à Bernard pourquoi il ne m'avait pas prévenue du coup de fil de ma mère, il m'a répondu, sans me regarder: "On ne parle pas aux meubles." Comment raconter ça à quelqu'un? Les gens diraient qu'il plaisantait, mais moi je sais pertinemment qu'il ne plaisantait pas, les humiliations étaient si fréquentes!»

Cependant, ses artifices langagiers préférés sont, comme nous l'avons déjà souligné, le paradoxe et les injonctions paradoxales. Redisons combien ils bloquent les actes, les raisonnements, les sentiments, et combien ils rendent confuses les émotions et la perception de la vie, combien ils sont vecteurs d'angoisse.

L'information

Info ou intox ?

Babette se remémore : « Pour Christophe, aucune parole n'avait de valeur. Dans l'argumentation, il était fort, il n'avait aucun scrupule. Il lui fallait gagner, ses mots étaient là pour ça. Mots utilisés à contre-emploi ou vides de sens, et même les arguments sous le nez, il trouvait une nouvelle parade. »

Le pervers sait aussi informer, et cela toujours à son profit, en étalant ses certitudes (il ne doute jamais), ses connaissances, son savoir, ses dons, sa… grandeur. Cependant, un interlocuteur averti remarquerait que l'accent est mis bien plus sur le style que sur le contenu. La profondeur des propos importe peu. Désengagement, parole floue, imprécise, informations contradictoires avec une prodigieuse impertinence dans la virevolte. Ce qui compte, c'est d'exister auprès d'un public à conquérir grâce à une éloquence théâtralisée.

« J'ai entendu Daniel, à deux jours d'intervalle, défendre l'abolition de la peine de mort et réclamer son rétablissement », s'étonne encore Armelle.

L'important n'est pas de dire *sa* vision, mais de convaincre que lui détient *la* vérité… du moment. « Quelle vérité ?, questionnait Picasso. La vérité ne peut pas exister… la vérité n'existe pas[1]. » L'ascendant du pervers est tel qu'il jouit

1. Arianna Stassinopoulos Huffington, *Picasso, créateur et destructeur*, *op. cit.*, p. 472.

d'une complète immunité, quelle que soit l'extravagance de ses propos.

> *Carole : « La désinvolture, l'absence de peur du châtiment, la facilité étonnante à retourner les faits pour qu'ils aillent dans son sens constituaient son mode habituel de langage. Jacques s'innocentait toujours, il savait renverser une situation intenable. »*

Ce désengagement est aussi valable pour ses actes que pour sa parole : le pervers est une anguille. Il se veut insaisissable et saisisseur. De toutes les façons, pour lui « les faits dépendent entièrement du pouvoir de celui qui peut les fabriquer[1] ».

La disqualification

« Calomnier, c'est le contraire de diffamer, c'est mentir[2]. »

> *Patricia : « Mes collègues jouaient avec moi à un triste jeu : je suggérais un sujet à Charles qui le refusait systématiquement, puis l'un d'entre eux suggérait ce même article, et Charles l'acceptait. Il lançait souvent à mon sujet : "Patricia est une mauvaise plume, je la garde par charité !" "Plume"…*

1. Hannah Arendt, *Les Origines du totalitarisme, Eichmann à Jérusalem*, Gallimard, coll. « Quarto », 2002, p. 672.
2. Christine Angot, *Quitter la ville*, Stock, 2000.

je n'étais même pas une journaliste, mais un objet, et mauvais de surcroît !

« Le jeu fonctionnait aussi en sens inverse : lorsque certains ne voulaient pas traiter un thème, ils me demandaient alors de le proposer pour en être débarrassés. »

Disqualifier sa victime, c'est-à-dire lui retirer toute qualité, est l'un des outils favoris du harceleur. Il insiste sur sa nullité, le plus souvent de façon sournoise, en citant les autres, et la victime finit par se rabaisser toute seule : « Je suis nulle, je ne vaux rien. »

Comme pour les rumeurs, la calomnie, une fois énoncée, fait son chemin seule :

La calomnie est un petit vent
[…]
Elle glisse, elle glisse
Elle rôde, elle rôde
Dans l'oreille des gens.
[…]
Et le pauvre calomnié,
Humilié, piétiné
Sous le fléau public,
Par grand malheur s'en va crever[1].

Ce « petit vent » de calomnie, le pervers le souffle avec des jugements définitifs, mais suffisamment flous pour qu'aucun rachat ne soit possible. Après sa rupture, l'offensée

1. Gioacchino Rossini, *Le Barbier de Séville*, l'air de la calomnie, 1816.

mettra donc du temps à récupérer cette image d'elle-même qu'elle a laissé salir sans savoir vraiment avec quoi, et dont elle a fini par sérieusement douter…

«Après mon départ du magazine, j'ai pensé qu'il fallait que je change de métier, je m'étais sûrement fourvoyée et le journalisme n'était pas pour moi.» Patricia a depuis continué dans cette voie grâce à un nouveau patron compréhensif et encourageant.

Le détournement des circonstances

Les paroles ne sont pas les seules à être détournées

Au cours d'une réunion professionnelle de cinq personnes, qui promettait d'être houleuse, Babette observe les minauderies excessives de Christophe auprès de la juriste de la société. Soudain excédée, elle lui reproche haut et clair son comportement. Christophe, triomphant, lance alors à l'assemblée: «Vous voyez bien que c'est elle qui est caractérielle, et pas moi!»

Christophe a organisé la mise en scène idéale pour amener sa sœur à craquer. Il croit pouvoir justifier ainsi ses propres actes malhonnêtes et dévaloriser celle qui l'accuse. Il voudrait être perçu comme la victime respectable d'une femme agressive présentant des troubles du comportement.

Le pervers est capable de dévoyer les objectifs d'une réunion de travail, d'un regroupement familial ou d'un rendez-vous amoureux en vue de nourrir ses propres projets ou d'éviter une confrontation désagréable.

Babette : « Pour m'apaiser, Christophe avait provoqué une réunion de famille, afin qu'on puisse enfin débattre devant des "témoins bienveillants et impartiaux", disait-il. J'étais ravie, car j'avais en ma possession des documents tangibles prouvant ses escroqueries, et j'attendais donc le soutien de mes parents. Lorsque nous avons été réunis, mon frère a annoncé : "Nous n'allons quand même pas reparler de ce qui fâche, pour une fois que nous sommes tous ensemble en dehors des fêtes obligatoires !" Et mes parents ont acquiescé, me forçant à faire de même. »

La rhétorique

Ou, ici, l'art de parler pour ne rien dire

Babette se demandait quelquefois si son frère et elle parlaient la même langue. « Il utilisait des tournures de phrase si sophistiquées que je me sentais toute petite, noyée et ignare. »

Le pervers use et abuse d'un art consommé de la rhétorique, dont il manie instinctivement les artifices. Les figures de style sont convoquées sans complexe, contribuent à l'opacité de ses propos, et certaines peuvent séduire par leur brio. Cette grandiloquence, cette virtuosité orale se doivent d'être spécifiées, largement et pourtant de façon non exhaustive, pour appréhender au plus près la sidération légitime de l'auditoire :

- Antiphrase : « Quelle forme superbe ! » dit-il à son épouse épuisée.

- Amphigouri : propos incompréhensibles. (« Je ne sais si tu peux appréhender ce qui n'est pas appréhendable, sauf à l'appréhender soi-même. »)
- Apostrophe : « Ô beauté fatale ! » toujours adressée à la même pauvre compagne éreintée.
- Néologisme : il invente des mots ; tout comme la Loi, la sémantique, c'est lui.
- Circonlocution : « Je vous informe que votre demande d'augmentation, qui a retenu toute mon attention, ne saurait pouvoir figurer cette année parmi celles que je considère comme devant être prioritaires », explique un patron pervers à son collaborateur.
- Hyperbole : « Tu es superbement, magnifiquement, extraordinairement beau ! » s'exclame une épouse en s'adressant à son mari.
- Métaphore : « Ma pauvre fille, à toi toute seule, tu es toute la misère du monde ! »
- Métonymie : « Je te couvre de lauriers que tu transformes en fumier. »
- Synecdoque : extension ou restriction du sens des mots. (« Mon ami, je vais tenter de respecter tes cheveux blancs », assène une perverse à son compagnon de quinze ans son aîné.)
- Oxymore : expression verbale identique à une double contrainte, avec des mots de sens opposé (« Magnifique crétine ! »).
- Pléonasme : pour insister. (« Je veux que nous collaborions en-sem-ble ! » ordonne ce même patron à son collaborateur, qu'il éloigne de toutes ses démarches.)

- Prolepse : il prévoit une objection et la réfute à l'avance. (« Il serait trop long de te le démontrer, tu n'y comprendrais rien. »)
- Prosopopée : il fait parler les objets ou les animaux. (« Même ta chaise hurle lorsque tu t'assois ! »)
- Réticence : effet d'insistance par le silence, le blanc que le pervers peut laisser durer indéfiniment s'il sent l'angoisse monter chez sa victime – sinon, il déteste le silence.
- Prétérition : permet de parler d'une chose en prétendant qu'on ne veut pas l'évoquer. (« Et encore, je ne parle pas de la façon dont tu tiens la maison ! »)
- Etc.

Que de cauchemars !

Armelle raconte ainsi ses échanges avec son mari : « Pendant longtemps, je n'ai pas compris ce qu'il me disait quand on se disputait. Et un jour, j'ai réalisé que je ne comprenais pas, parce que ça ne voulait rien dire. En fait, il mettait en place une rhétorique bizarre, un labyrinthe personnel, hors du sens partagé. »

Le jargon

Le langage crypté dévalorise le non-initié

« Christophe tenait souvent des propos abstraits, avec des préceptes généraux, philosophiques. » Babette se dit même incapable de citer un exemple de jargon qu'il ponctuait d'un inévitable : « Tu vois, je n'ai pas fait une grande école de commerce, moi, mais j'ai un langage châtié. » La jeune femme ajoute : « Après son départ, j'avais l'impression qu'avec son

verbiage, ses paroles alambiquées et vides, il avait créé entre lui et moi un écran de fumée. »

Le jargon est ici une langue confuse, étrangère, c'est une arme blanche pour rabaisser son partenaire. L'utilisation de théories, de mots savants et techniques tend à vouloir imposer une pseudo-supériorité dont nous verrons combien elle s'apparente à une imposture. (« Comment ? Tu ne sais pas ça ? Tu es nulle ! ») Les connaissances sont confisquées pour servir les arguments du pervers : littérature, histoire, philosophie, cinéma, musique… rien ne résiste à ses détournements au profit de ses démonstrations « imparables ».

L'induction

En électricité, comme en perversité : « Production à distance de courant électrique. »

Babette : « Mon frère faisait régulièrement appel à mon sens filial, manipulant nos parents pour me remettre dans "son" droit chemin : "Ne chagrine pas maman avec tes histoires", après m'avoir imposé un énième changement d'organisation. Il a aussi semé le doute dans mon esprit sur la loyauté de ma secrétaire. Oh, rien de précis, juste une longue pause après s'être exclamé avec un air entendu : "Ah, tu as confiance en Élodie, ah bon, c'est toi qui vois…", suivi d'un petit sourire en coin. » Babette poursuit : « Je n'ai pas pu en savoir plus, simplement – j'en suis consciente à présent – parce qu'il n'y avait rien à savoir, Élodie a été aussi loyale envers moi que compétente. »

Le pervers prend un soin considérable à ne pas montrer aux autres ses rares émotions (négatives ou positives), ses intentions, ses desseins, afin de ne jamais se compromettre. Il tient autrui à l'écart de son image et surtout de la réalité creuse qui se dissimule derrière.

Lorsqu'il a un objectif précis, il pratique l'induction : il suggère des idées, provoque des sentiments, des réactions, des attitudes ou des inhibitions. Ces suggestions fonctionnent facilement, car les victimes sont charmées, donc perméables.

Il peut aussi énoncer des affirmations qu'il impose comme universellement vraies : « Untel est un abruti. Tout le monde est d'accord là-dessus, même toi. » C'est sans appel, sans argumentaire, sans ouverture d'esprit.

> *Patricia : « J'étais très gênée, car Charles démolissait les collègues de travail que j'appréciais le plus à chaque retour de mon déjeuner avec l'un ou l'autre. "Comment peux-tu estimer André, toi, si intelligente ? C'est un petit journaliste tout juste bon à faire les chiens écrasés, je le garde parce que je connais sa mère !" Alors, j'en arrivais à me débrouiller pour manger en cachette avec mes amis. »*

L'utilisation d'intermédiaires, l'appel inopiné à une autre personne sont une pratique courante, comme le changement brutal de sujet. Cela fonctionne à merveille pour ébranler l'autre et, comme nous l'avons vu, favorise l'émergence d'un état hypnotique. Le pervers sait aussi prêcher le faux pour savoir le vrai.

> *Valérie : « Bernard était d'une jalousie maladive, il n'hésitait pas à me harceler avec des mensonges : "Je sais que tu me*

trompes, tu étais dans un restau à Juvisy avec un homme, c'est un copain qui t'a vue." Lorsque je lui demandais de quel copain il s'agissait, il rétorquait : "Je ne peux pas te le dire, je le lui ai promis." Il n'y avait aucune issue.»

La captation de l'intérêt

Manœuvre illicite pour capter… tous les auditoires

Babette : «À chaque assemblée générale de la société, Christophe se débrouillait pour être le centre d'intérêt. J'assistais chaque fois, impuissante, à des stratégies variées. Chacune des ripostes que j'avais préméditées se montrait inefficace. J'ai compris, un peu tardivement, qu'il aurait fallu que je sois aussi tordue que lui pour prévenir ses coups.»

Afin de rester le centre d'intérêt, le pervers retient l'attention par sa voix au volume fréquemment inadapté, qui tranche avec les sons ambiants : ou trop forte, ou trop faible. Le timbre en est souvent modulé, électrique, aigu, métallique ou strident, pour assurer le malaise du récepteur.

Patricia : «Nos réunions de service étaient de grands moments où Charles, au gré de ses humeurs, nous la jouait taciturne ou petit chef, ou dalaï-lama, ou grand écrivain… avec des paroles chuchotées ou un mutisme méprisant, ou encore des aboiements continus.»

En public, il sait aussi s'imposer avec maestria ou être faussement humble et discret. S'il a un discours à faire, il s'attache à réussir son entrée, et surtout sa sortie, afin de laisser une impression positive, même si le contenu a été plus aguicheur que concret.

La captation des idées

Manœuvre illicite pour se valoriser avec les belles idées… des autres

Babette: « Un jour, toute contente, j'avais prévenu Christophe que je préparais un cadeau spécial pour le Noël de notre mère, un calendrier avec les photos de toute la famille. Quinze jours avant le réveillon, maman me téléphona pour me faire partager sa joie : mon frère venait de lui offrir un calendrier avec des photos de toute notre famille… Et elle ajouta : "Tu vois, Christophe n'est pas si horrible que tu veux bien le dire." »

Comme il est souvent vide de pensées, d'idées, le pervers est une éponge sèche, prête à absorber ce qui peut le remplir. Combien de fois avons-nous entendu des collaborateurs se plaindre de leur manager prédateur qui leur a « piqué » leur projet ?

Carole, de son côté, raconte un scénario analogue au sujet de son mari : « Jacques utilisait des discussions que nous avions eues (des idées que je lui soumettais à partir de lectures, de journaux…) pour briller en société. Ça me donnait le sentiment d'une appropriation de mon cerveau, de ma personne. Une fois, mon frère P-DG, qui impressionnait beaucoup mon mari, m'avait parlé des Désarçonnés de Pascal Quignard, un ouvrage que Jacques venait de lui offrir en vantant ses qualités. J'étais stupéfaite, parce que c'était moi qui l'avais signalé à Jacques après avoir entendu une critique de François Busnel ; je lui avais résumé le livre, donné mon point de vue et exprimé mon souhait d'en faire cadeau à mon frère. Sans avoir rien lu, Jacques avait tout détourné à son profit pour briller aux yeux de son beau-frère. Et je pourrais multiplier ce genre d'histoires à l'infini !»

Le pervers ne s'approprie pas seulement les opinions, il s'empare également des actions engagées par d'autres, et de leurs résultats positifs. Ce comportement est surtout visible dans le monde du travail.

Carole : «Jacques se nourrissait de son entourage. Il se faisait son opinion en écoutant, ce qui pourrait être l'attitude saine d'un manager sain. Mais lui cherchait à déceler où prendre les meilleures idées, uniquement pour se faire valoir. Ce n'était pas un leader charismatique, plutôt un dominateur, un contrôleur pragmatique.»

En revanche, lorsque des problèmes apparaissent de son fait, il dégage sa responsabilité et reporte ses échecs sur autrui. Cela lui est facile, car il prend peu de décisions, reste en retrait, se montre laconique, flou et se débrouille avec subtilité pour pousser quelqu'un à trancher à sa place. Il lui sera alors aisé de rejeter la faute sur ce courageux. Et si par hasard il est coincé, cela n'est pas gênant, puisqu'il saura ensuite démissionner face à ses engagements, nier ses implications.

Patricia : «Après mon départ du magazine, j'ai appris par mes collègues le nombre de reportages que Charles leur avait volés : il leur demandait des idées, puis les disqualifiait afin de mieux les utiliser pour son propre compte, avec tellement de culot que personne n'osait le contrarier.»

Proche de la captation d'idées, on trouve un autre procédé qui consiste à nommer les intentions de l'autre ou ses opinions cachées : le pervers sait mieux que lui ce que l'autre pense. De même, il pourra prédire les futurs actes de sa victime qu'il prétend connaître mieux qu'elle-même. Bien sûr, ces prévisions annonceront des agissements immoraux, violents, honteux, illégaux.

Le comportement non verbal

Le langage non verbal représenterait 80 % de la communication

Babette évoque avec tristesse les mimiques si fréquentes de Christophe : «Après plusieurs mois de malmenage, je me souviens d'avoir dit à mon fiancé que je ne savais plus de quelle couleur étaient les yeux de mon frère. Il ne me regardait plus jamais. En revanche, j'étais le témoin impuissant de haussements d'épaules, de soupirs excédés, de silences méprisants. Comment se plaindre ensuite de ce qui n'est pas dit ?»

Une fois l'« écoute active » dévoyée, comme nous venons de l'indiquer dans la phase de séduction, le pervers pratique l'« écoute aversive[1] » : il regarde ailleurs pendant que nous

1. Isabelle NAZARE-AGA, *Les manipulateurs sont parmi nous*, Les Éditions de l'Homme, 2004, p. 52.

lui parlons et/ou fait autre chose. Il feint de ne pas entendre, mais ne prend pas un air absorbé, car il s'agit ici de laisser libre cours à son mépris muet, à sa volonté de faire réaliser à l'autre qu'il n'existe pas.
Ses yeux peuvent aussi se vouloir durs ou hypocrites, vides ou traversant son interlocuteur sans le voir.

Valérie : « Je crois que ce qui caractérise le mieux Bernard, après la période de séduction, c'est son regard de poisson mort alternant avec des yeux haineux. »

Contrôler l'autre avec les yeux, lui donner des ordres, le fusiller, chercher à le perturber sont autant d'attitudes courantes. L'expression du visage appuie ces divers regards en étant très mobile, avec des moues qui viennent, ou non, les accentuer. Ses attitudes corporelles, fréquemment désynchronisées, laissent l'interlocuteur dubitatif, dans un engourdissement complet. Des paroles aimables peuvent être assorties de sourires narquois, de froncements de sourcils inquiétants.

Patricia : « Charles me convoquait dans son bureau, puis se taisait, ne répondait pas à mes questions, faisait comme si je n'étais pas là, téléphonait, écrivait sur son ordinateur. Je finissais par partir, et là, dans mon dos, il murmurait : "Elle finira bien par se casser, cette conne !", suffisamment fort pour que j'entende, mais pas assez haut pour que les autres le perçoivent. »

Le refus de se dévoiler, de donner prise, est à prendre en compte dans ces relations. L'agresseur reste muet et fuyant devant les reproches, les demandes d'explications. Au mieux, il lève les yeux au ciel, maigre consolation pour l'agressé qui, à défaut de réponse, s'évertue à y voir un signe de réception de son message. Il peut aussi sortir brusquement de la pièce, tousser et s'étrangler, aller chercher un dossier dans son placard, ramasser un objet, avoir soudain mal à une épaule ou au dos, bref, mimer son total désintérêt.

Carole : « Jacques avait toujours un regard ironique, amusé, du genre "rien n'a d'importance" ; avec dérision et cynisme, il se moquait de tout et de tout le monde, cela me rebutait. »

L'isolement

Diviser pour mieux régner

Babette confie : « Bien sûr, mon frère m'a coupée de ma famille et de quelques amis. Mais le pire, c'est que je me suis repliée sur moi, car chaque fois que je cherchais une béquille externe, entendre : "Dans ce genre de situation, chacun a ses torts" m'était devenu insoutenable ! »

Carole relate des problèmes identiques : « Je percevais bien que même des copains assez proches voulaient ignorer mon drame. Jacques et moi, nous étions un couple apprécié dans notre petit groupe d'amis, il fallait préserver les apparences. Mon chagrin visible, malgré tous mes efforts pour le cacher, et mes quelques réflexions amères, malgré ma volonté de me taire, me disqualifiaient : j'ai vite compris que personne n'aimait le messager porteur de mauvaises nouvelles ; dans l'Antiquité, il était même tué ! Plus tard, bien plus tard, beaucoup sont revenus vers moi en me certifiant qu'ils n'auraient jamais pu envisager une chose pareille et, inlassablement, je répondais que moi non plus... »

L'isolement orchestré par le pervers est une stratégie éprouvée pour parvenir à la maîtrise omnipotente de l'autre, le fragiliser afin de mieux le soumettre. D'ailleurs, lorsqu'il est associé à la terreur, autre tactique du pervers, il devient l'arme suprême des régimes totalitaires. Les dictateurs le savent bien : pour contrôler un peuple, il faut couper chaque citoyen de toute relation avec autrui (la délation est à ce titre infaillible, tout comme le non-accès à la culture) et le couper également de toute relation avec lui-même (la propagande pratique un bourrage de crâne suffisamment perturbant). Ces isolements, externe et interne, rendent impuissant à agir et à penser. « Les mouvements totalitaires, dit Hannah Arendt, sont des organisations massives d'individus atomisés et isolés[1]. » Le roman d'Orwell, *1984*, en est une pure démonstration. L'auteur y dépeint une société anglaise où les libertés d'expression et même de penser sont surveillées, bannies, où les archives historiques sont remaniées, où Big Brother veille et surveille obstinément. Personne ne peut faire confiance à personne, chacun s'enferme alors dans un mutisme terrorisé.

Cet isolement de sa compagne ou d'un collaborateur manigancé par le pervers peut intervenir de façon plus... perverse, en nouant des alliances stratégiques avec certaines personnes en indélicatesse ou en conflit avec la victime.

---

1. *Les Origines du totalitarisme*, *op. cit.*, p. 47.

Armelle se souvient d'avoir intercepté un coup de fil entre Daniel et sa mère, avec laquelle elle était fâchée, dont elle ne se remet toujours pas: «Il n'ignorait pas que ma mère était inaffective et blessante envers moi, et je l'ai entendu lui dire qu'il savait combien sa fille était "soupe au lait" et qu'il ne comprenait pas comment elle pouvait être irrespectueuse envers sa mère. Or, il avait tout le loisir de lui téléphoner en mon absence, mais non, ce jour-là il s'est débrouillé pour que je sois témoin de sa trahison.»

L'isolement de la victime par le pervers s'accompagne également d'un cloisonnement de ses propres relations à lui, afin que personne ne puisse recouper ses mensonges ou se liguer contre lui après avoir échangé sur des ressentis négatifs communs.

De surcroît, la victime se renferme sur elle-même, souvent dans un silence coupable. Sa destruction sournoise engendre une perte de repères, un mélange de sentiments et d'émotions qui l'emprisonnent. Si elle venait à se plaindre, elle imagine déjà le jugement négatif de son entourage qui la trouverait fatalement acariâtre, injuste, pénible. La suite ne lui donnera pas tout à fait tort lorsqu'elle cherchera vainement des témoignages… Elle sait aussi d'instinct que la façon dont est accueillie la description d'un trauma l'adoucit ou l'exacerbe, « le panse ou l'ulcère[1] », et elle est trop fragile pour prendre ce risque, sauf heureusement auprès de quelques véritables fidèles que rien ne rebute, signe d'une authentique amitié !

1. Boris Cyrulnik, *Le Murmure des fantômes*, *op. cit.*, p. 53.

> *Valérie détestait sa solitude… aux côtés de Bernard, même dans sa maison. Elle rapporte également que ses amis s'éloignaient d'elle, soit sans rien dire soit en la mettant en garde: «Mais qu'est-ce que tu fais avec un type comme lui? As-tu conscience d'avoir perdu cette ardeur qui était ta marque de fabrique?»*

La rupture avec l'entourage advient donc souvent, organisée par le persécuteur avec, ou non, la complicité de l'agressé. Le pervers, enfant capricieux et adulte addict, revendique d'être l'unique pôle d'intérêt de l'autre. Il fait le vide autour de sa cible. Dans la vie intime comme dans la vie professionnelle, cela a une double conséquence: sa proie, en souscrivant à cette sommation, espère en recevoir des gratifications; de plus, elle évite ainsi les regards externes sur sa difficulté à gérer ce lien démentiel.

L'isolement est également le résultat de l'acharnement du pervers à saccager toute sorte de lien, l'idée même du lien éveillant en lui une aversion immédiate, qu'il le vive ou qu'il en soit témoin: liaison amoureuse, bien sûr, et aussi attaches familiales, relations amicales, mais encore relations de sa compagne avec sa famille, ses amis, ses collègues de travail, ses supérieurs hiérarchiques, son médecin… Bion nomme ces réactions phobiques «attaques des liens[1]», Hurni et Stoll préfèrent l'expression «destruction des liens[2]».

Françoise Gilot, très jeune compagne de Picasso et mère de ses deux enfants, s'est ainsi recroquevillée sur elle-même: «Elle se plongea dans sa vie à lui, coupant tout contact

1. «Attaques contre les liens», *op. cit.*, p. 286.
2. *La Haine de l'amour*, *op. cit.*, p. 249.

non seulement avec sa famille et ses amis, mais avec sa génération[1].»

L'emprise

L'emprise peut aboutir à un « meurtre psychique »

Babette a vécu concrètement la vérification de l'autorité de son frère sur elle. Un jour, celui-ci l'interrogea: «Je vais te faire une proposition pour calmer cette situation, mais avant, dis-moi, est-ce que tu souffres?»

«Son sourire m'a révoltée, dit-elle, il voulait s'assurer de ce lien négatif, de son pouvoir, alors j'ai répondu que non, je ne souffrais pas, mais que je n'aimais pas la malhonnêteté. Il a tourné les talons en murmurant: "Ah bon, alors je n'ai pas de proposition."»

Sans aucun sentiment de culpabilité et sans hésiter à accuser l'autre (même pour des fautes imaginaires), le pervers, au-dessus des lois, s'arroge le droit de vie ou de mort sur sa victime. L'autre est devenu son prisonnier et son esclave; tout mouvement pour se libérer accentue cette emprise, car l'acharnement du pervers est aussi obstiné que redoutable. Le psychanalyste Paul-Claude Racamier ne parle pas d'emprise, mais plutôt d'«engrènement[2]», terme qui

1. Arianna Stassinopoulos Huffington, *Picasso, créateur et destructeur*, *op. cit.*, p. 440.
2. *Le Génie des origines*, *op. cit.*, p. 358.

désigne, en mécanique, la mise en prise de deux roues dentées. Cette notion symbolise avec justesse l'interaction, la répétitivité, la dynamique, la précision, l'accouplement, la déshumanisation et le double enchevêtrement de cet « engrenage fatal ». Fatal, car l'« engréné » se sent « obtus, aveugle, tiré, poussé, détourné, manipulé[1] ».

Le psychanalyste Roger Dorey[2] distingue, lui, trois actions principales qui aboutissent à cette relation contrôlée, trois actions parfaitement maîtrisées, à l'instinct, par le prédateur : l'appropriation par dépossession de l'autre, la domination de l'autre en le maintenant dans un état de soumission et de dépendance, et l'empreinte psychique sur l'autre (une trace indélébile dans son esprit, comme une empreinte digitale sur un objet). Par ces trois démarches, le pervers parvient à prendre les forces de l'autre, *toutes* ses forces ; il réussit à se l'accaparer intégralement, ce qui dénie à sa victime le statut d'être humain.

Le psychiatre psychanalyste Harold Searles évoque, pour sa part, l'« effort pour rendre l'autre fou[3] » comme origine de la schizophrénie. On retrouve pourtant, dans la description stratégique de cet « effort », les mêmes procédés et les mêmes conséquences que ceux reproduits ici. Le processus se résumerait, pour les parents d'un psychotique et pour le pervers, à la nécessité d'externaliser leur folie, qu'ils

1. *Ibid.*
2. « La relation d'emprise », *Nouvelle Revue de psychanalyse*, 1981, 24, p. 117-140.
3. *L'Effort pour rendre l'autre fou*, *op. cit.*

sentent menaçante en eux. L'un ou l'autre des parents, ou quelquefois les deux, entrepose chez leur enfant leur part d'aliénation : « Si je me convaincs que mon enfant est fou, je ne le serais pas moi-même. » Les conséquences pourraient se réduire, dans les deux cas, au meurtre psychique de l'autre. Deux remarques toutefois. On peut penser que le pervers a subi, étant enfant, les mêmes sévices que le schizophrène, ses parents n'ayant cependant pas poussé le mécanisme d'accablement jusqu'au bout et l'ayant laissé aux portes de la folie : le père du pervers, comme on l'a déjà souligné, est quand même présent dans la vie de son fils, inconsistant mais présent, contrairement à celui du schizophrène. D'autre part, dans le champ de la perversité, le titre du livre de Searles, *L'**Effort** pour rendre l'autre fou*, devrait plutôt être *Le **Don** pour rendre l'autre fou*, le pervers ne faisant aucun effort pour agir son machiavélisme.

Armelle a subi avec intensité ce « don » : « Je me souviens avec précision d'un jour où, à la suite d'une énième discussion, je ruminais, pesant le pour, le contre, me demandant pourquoi je n'avais pas avancé tel argument majeur, pourquoi je n'avais pas réagi à telle réflexion, pourquoi j'avais laissé passer un raisonnement illogique ; bref, j'en ai conclu que je devais être folle et que, comme j'étais folle, je l'ignorais. C'est à partir de cet instant que j'ai décidé qu'il fallait s'en remettre à des thérapeutes. »

Bien sûr, cette domination ne doit en aucun cas s'achever par la mort de la proie, sinon le jeu prend fin. Les vampires avaient le même souci de garder leur victime vivante. C'est pourquoi ils redoutaient l'ail, qui est un fluidifiant du sang. Lorsqu'ils mordaient quelqu'un ayant consommé de l'ail, ils risquaient donc de le tuer, celui-ci mourant d'hémorragie avant que le sang ait eu le temps de coaguler sur la blessure.

Susciter des envies

Autre forme du jeu du chat et de la souris

« Daniel a proposé de m'acheter, lors de son prochain stage en Italie, le sac Hermès rouge que j'avais seulement regardé en vitrine peu de temps avant, sans me douter que mon envie avait été si visible ! Et voilà, l'histoire s'arrête là. À son retour de voyage, je n'ai jamais eu de sac rouge, mais une remarque cinglante sur ma capacité à croire encore au Père Noël à mon âge ! Et à avoir des goûts de luxe. Des exemples de ce style, j'en ai des centaines ! » déplore Armelle.

Ce n'est pas parce que la phase de séduction est largement terminée que le pervers a perdu son don pour percevoir les « manques » de sa victime ! Il ne va donc plus la transporter au septième ciel (ça, c'est fait, elle est déjà « ferrée »), il va seulement mobiliser certains souhaits inconscients qu'il repère facilement et, avec une offre ciblée, obtenir une envie certaine… pour ne surtout pas y répondre… Toujours la logique : exciter et asphyxier. Ce jeu apparaît surtout lorsque sa persécution a enfin neutralisé chez l'autre toute trace de Désir, cet élan vital spontané qu'il hait viscéralement. Les témoignages ne manquent pas :

« Jacques m'a promis de m'apprendre à jouer aux échecs, de visiter les châteaux de la Loire, d'aller en Australie, d'écrire une pièce de théâtre avec lui, de me présenter au préfet de notre département, de m'acheter un petit cœur en diamant,

de rechercher mes amis de lycée, de faire un album avec mes photos d'enfance, d'inviter tous mes collègues de travail – absolument tous – pour mon anniversaire, de m'emmener dîner dans un restaurant trois étoiles une fois par trimestre, d'aller au festival de La Roque-d'Anthéron, d'apprendre à danser le tango, etc.», liste Carole, dégoûtée, car bien entendu, rien n'avait été demandé et rien n'a été obtenu, si ce n'est des déceptions chroniques.

Ce qui est spectaculaire dans ces récits, c'est qu'au début les déçues n'ont même pas la force de trouver graves ces promesses non tenues. D'ailleurs, elles hésitent à s'en ouvrir à leur entourage. Elles ont bien tenté de le faire, mais les réactions ont été surprenantes : « Qu'est-ce qu'il est gentil, tu as vraiment trouvé la perle rare ! Il n'a pas eu le temps, c'est tout, c'est l'intention qui compte. » Et effectivement, par rapport aux autres exactions, cela semble dérisoire, mais… à bien y réfléchir, elles réalisent qu'elles n'ont eu aucun répit : les pièges étaient partout, permanents, avec ce quotidien parsemé d'embûches et de bombes à retardement. Non seulement elles ont été appâtées par un cadeau alléchant (enfin un peu de baume dans cette relation si blessante !), mais lorsqu'elles se sont plaintes – à juste titre –, elles ont été culpabilisées et insultées, ces ingrates qui en veulent toujours plus ! Et toujours allumer et éteindre. Le feu et la glace.

Patricia : Pour notre magazine, Charles me proposa un jour d'aller interviewer mon chanteur préféré, qui se produisait dans notre ville. J'étais très émue de cette attention. Quelques jours plus tard, comme je m'inquiétais de ne plus avoir de nouvelles, Charles a éclaté de rire en me disant : « Mais cette idiote, elle y a cru ! »

Nier les envies exprimées ou les dégoûts connus

Afficher ouvertement son indélicatesse

Carole a longtemps mis les oublis de Jacques sur le compte de l'étourderie : « Il savait que j'aimais regarder Le Zapping à la télé et pourtant, systématiquement, il le regardait sans moi, oubliant de m'appeler (à cette heure-là, j'étais le plus souvent dans la cuisine). Je le lui faisais remarquer, il disait ne pas y avoir pensé, et cette scène revenait en boucle, régulièrement, sans l'ombre d'un changement. Il en était de même pour tous mes goûts ou dégoûts, qui étaient niés. Il "n'imprimait pas", comme il disait, qu'il s'agisse d'aliments, de couleurs, de chanteurs, d'auteurs, etc., bref, tous ces détails souvent futiles qui font notre singularité et que seul un amoureux retient pour notre plus grand plaisir. Un jour, il m'a même offert, pour mon anniversaire, un parfum que je n'aimais pas : c'était celui de ma secrétaire et je m'en étais plaint plusieurs fois auprès de lui, plaisantant même sur son nom, Poison, ce qu'il avait parfaitement retenu ! »

Le pervers ne néglige rien pour effacer sa partenaire, sa collaboratrice, jusque dans ses envies les plus minimes. Oublier est pire que refuser ; oublier, c'est signifier à l'autre qu'elle ne laisse aucune trace en lui, qu'elle est inscrite sur du vent, qu'elle n'est ni vue ni entendue. Elle n'existe pas.

Patricia avait négocié un départ à 16 heures le jeudi après-midi pour se rendre à son cours de danse. Elle compensait en restant plus tard le lundi soir. Donc tous les jeudis, vers 15 h 45, Charles lui demandait un travail et elle devait se justifier, car son patron devenait amnésique ce jour-là. Il remettait en cause ce qu'il nommait un « passe-droit », qu'il avait pourtant appelé au début sa « détente bien méritée » !

Lors d'un voyage en Italie, Armelle rapporte que Daniel refusait de visiter chaque endroit qu'elle proposait. Le non n'était assorti d'aucune explication. « Il n'avait pas envie, simplement parce que moi j'en avais envie », constate Armelle, dépitée.

Chosifier

La chosification est ce qui transforme l'autre en objet

Babette le reconnaît aujourd'hui : « J'avais l'impression d'être un outil à son unique service. Je faisais ce qu'il voulait en espérant avoir la paix et, éternelle optimiste, en croyant pouvoir ainsi le ramener dans le droit chemin. »

Pour le pervers, l'autre est *sa* marionnette, *son* objet, *son* instrument. *Sa* victime n'a simplement pas le droit d'« être ». Il est vital pour le pervers qu'elle soit ainsi dépersonnalisée, qu'elle fasse l'impasse sur elle-même.

« Je ne devais surtout pas avoir de vie propre, ce qui était normal, puisque, d'après Bernard, j'étais un meuble », dit

Valérie, qui ne se reconnaissait plus dans cette prison dorée, elle qui avait une telle soif de liberté !

Comme nous le précisions, l'idée même que sa proie puisse désirer lui est intolérable, car par nature le désir échappe à sa maîtrise et ainsi le menace, mais encore parce que ce désir, manifestation vitale, le fascine (lui qui en est privé). Or, le désir est le propre de l'humain, du sujet. La victime se doit donc d'être déshumanisée. Elle devient une substance qu'il va instrumentaliser à ses fins, mais dont il ne parvient pas véritablement à se nourrir. Il voudrait tout, sans rien donner. Il est cependant lié à elle par la menace de sa perte. Déprécier l'autre crée un mécanisme qui s'autorenforce, car traiter sa proie comme un objet prive le pervers de tout retour affectif structurant et gratifiant. Sans ressentir la tendresse et la bienveillance amoureuses, comment avoir envie d'une relation humaine ? Picasso illustre cette impossibilité à donner et à recevoir quoi que ce soit de qui que ce soit, puisque l'autre n'est rien : « Personne n'a d'importance réelle pour moi. En ce qui me concerne, les autres sont comme des petits grains de poussière flottant dans le soleil. Il suffit d'un coup de balai et ils disparaissent[1]. » Un cercle vertueux de douceur est proscrit, seul un cercle infernal est concevable. Narcisse refusa l'amour de la nymphe Écho pour ne point souffrir…

1. Maurice Hurni, Giovanna Stoll, *La Haine de l'amour*, *op. cit.*, p. 323.

Semer le doute

Qui sème le doute récolte la confusion

Babette avoue qu'au bout d'un moment, il lui arrivait régulièrement de relire le contrat qu'elle avait passé avec son frère pour vérifier, par exemple, si les proportions de 75 % et de 25 % correspondant à la participation de chacun y étaient bien stipulées. Elle se disait : « Est-ce que ce n'est pas moi qui divague ? »

Le pervers creuse un boulevard de doute chez son souffre-douleur. Le manque de confiance en soi, le sentiment d'infériorité sont décuplés, car il sait appuyer là où ça fait mal. Comme nous le disions, il connaît mieux que l'autre ses points de fragilité, les lésions qui peuvent devenir hémorragiques, les cicatrices à rouvrir, les plaies non refermées.

Carole s'est mise à douter de sa capacité de jugement et de ses compétences après avoir entendu maintes fois : « Mais ma pauvre fille, sortir d'HEC, c'est donné à tout le monde... Savoir diriger une boîte, ça, c'est réservé à l'élite, prends exemple sur moi ! »

S'ajoute à cette stratégie ce qui, dans la forme et dans le fond de la relation, engendre la confusion. *Confusion* a pour étymologie *cum fusio* qui se traduit par « fusion avec » : tout un programme ! Les exemples pour engendrer ces désarrois sont nombreux. Citons : attaquer pour se défendre, jouer les martyrs en renversant les rôles, reprocher à l'autre ce que lui-même vient de faire, minimiser les réussites, faire du chantage affectif, etc. Et toujours des doubles contraintes, ou douches écossaises, avec un ton badin pour aborder des sujets austères, une intonation joyeuse pour annoncer une mort ou un air pénétré pour énoncer des futilités…

On pourrait parler ici d'« attaques destructrices[1] » que le pervers lance contre ce qui serait susceptible de le lier. Sa psyché s'oppose systématiquement à un lien affectif, vécu au mieux comme stérile, mais plus sûrement comme cruel.

Comme si cela ne suffisait pas, il distille des soupçons dans l'entourage sur l'équilibre psychique de la victime, sur son honnêteté, sur ses compétences, sa probité, ses talents culinaires, etc., bref, sur ce qui va perturber sa proie, de préférence là où elle pense exceller.

Culpabiliser

« Dans la plupart des cultures, on est coupable d'être une victime[2]. »

> *« À cause de toi, je vis de plus en plus mal », reproche Christophe à sa sœur Babette qui lui rétorque logiquement : « Mais de quoi parles-tu ? » Et son frère d'ajouter, juste avant de quitter la pièce : « Tu le sais très bien ! »*

Dans les relations perverses, la culpabilité est un puits sans fond, elle s'apparente à ce que Bion désigne par « terreur

---

1. Wilfred R. Bion, « Attaques contre les liens », *op. cit.*

2. Boris Cyrulnik, « Il y a une vie après l'horreur », *Le Courrier de l'Unesco*, novembre 2001.

sans nom[1] ». Ce qui correspond à la panique du bébé devant un danger dont il ne peut discerner ni la source ni le sens.

Valérie revient sur l'un des épisodes douloureux: « Lorsque Bernard a découvert qu'il avait un ulcère, il s'est précipité sur moi en rentrant de chez le médecin, hurlant que j'étais la seule et unique responsable de sa maladie. Comme je commençais à voir le piège dans lequel je m'étais fourrée, j'ai eu cette répartie: "Pour une fois, je sais avec précision de quoi je suis coupable, même si c'est faux." Il est resté bouche bée. J'étais presque fière de moi, mais le lendemain j'ai payé mon ironie au prix fort. Il est revenu sur sa maladie et a ajouté: "En plus, j'ai bien d'autres problèmes très préoccupants à cause de toi, tu me mets en danger régulièrement, et tu mets aussi notre couple en danger." » Valérie n'a pu obtenir aucun détail supplémentaire, Bernard s'obstinant à rester vague, mais menaçant.

La victime se sent d'autant plus coupable quand elle ignore de quoi elle est accusée. Elle se trouve peu à peu affublée d'une souffrance qui n'est pas la sienne, qui ne la concerne pas, qui n'a aucun sens pour elle : elle ignore d'où vient cette détresse et où elle va. Elle ne comprend pas ce qu'il lui arrive, ne sait ni comment se défendre, ni quand cet effroi prendra fin. Elle ne sait pas non plus comment réparer sa faute, puisque celle-ci n'est pas désignée. Aucune chance donc de se racheter et de faire cesser la sidération.

« Tout était ma faute, je n'allais pas assez vite ou trop vite, je n'avais pas compris tous les enjeux… Il fallait que je ne fasse

1. *Réflexion faite*, PUF, 1983, p. 132.

rien, mais que je travaille plus… Je m'épuisais à trouver des solutions qui étaient systématiquement rejetées et qui ne suscitaient que critiques et reproches.» Carole se sentait perdue et, surtout, bien incapable de saisir pourquoi elle était devenue si incompétente.

La culpabilité est également induite par des cadeaux empoisonnés.

Armelle en est encore tout étourdie: «Daniel me glissait avec légèreté et un air innocent des phrases lourdes de reproches: "J'étais invité à un match de foot aujourd'hui, mais je ne vais pas y aller pour rester avec toi" ou "j'étais crevé en sortant du bureau, mais je suis quand même allé laver ta voiture", ou encore "je suis rentré plus tôt alors que je suis débordé de travail pour que tu ne restes pas seule trop longtemps". Chaque fois, je me faisais prendre au piège et je rétorquais que je ne l'avais jamais empêché d'aller au stade, que ma voiture pouvait attendre, que je préférais qu'il ne prenne pas de retard dans son travail et que j'aimais aussi être seule. Peine perdue: les mêmes propos perfides revenaient sans cesse. Surtout le foot, qui se jouait quasi tous les week-ends!»

Jouer avec l'argent

L'argent, le puissant allié du pervers

Armelle résume bien cette relation du pervers à l'argent: «Daniel et moi avions convenu que je n'exercerais pas d'activité professionnelle, ce qui a été ma première énorme erreur – je dépendais donc de lui financièrement. Il savait se faire passer pour l'homme le plus généreux qui soit, alors qu'il était d'une pingrerie redoutable. Et s'il lui arrivait d'être obligé de me donner de l'argent, il fallait que ça se sache, il fallait que j'en sois bien consciente et que je n'oublie pas de remercier, surtout plusieurs fois ! Il ajoutait alors une seconde culpabilité, m'avouant, avec une gêne feinte, que ce qu'il me donnait allait lui manquer, que son compte en banque était régulièrement vide à cause de moi, mais qu'il se sacrifiait volontiers… »

L'argent a une symbolique très puissante, il représente la force, le pouvoir, la sécurité, la protection. Le pervers ne peut se passer de cet allié, ustensile idéal pour, au sein du couple, de la famille, de l'entreprise, affaiblir, dominer, insécuriser, harceler. Il en use aussi comme faire-valoir narcissique, sa fortune le rend forcément aimable…

Babette raconte comment Christophe, bien placé pour savoir que sa société représentait son seul revenu, lui reprochait de faire des extras pour gagner un peu d'argent en attendant l'essor de l'entreprise: «Pour l'instant, tu dépends de moi financièrement, et de moi seul. Si je n'étais pas là, tu coulerais.» Et ajoutant une autre fois ou le même jour: «À ton âge, tu devrais être indépendante financièrement!»

D'autre part, le rapport particulier du pervers à l'argent le pousse à une avarice extrême ou, au contraire, à une dilapidation outrancière, à des tricheries stupides, à des escroqueries gigantesques, avec parfois un goût prononcé pour les jeux de hasard.

Pervertir l'intimité

L'intime ? Un lieu idéal pour pervertir en secret

Peu de témoignages officiels dans le domaine de la sexualité, seulement des propos en aparté, tête baissée, qui signalent que, là aussi évidemment, les sévices existent, mais feutrés. Le symptôme sexuel est une partie inhérente de la relation à l'autre, donc de la relation dans un couple. Seule Armelle a tenu à exprimer toute sa révolte :

« À l'époque où je m'obstinais dans mes obsessions de sauveur, j'ai traîné – le mot n'est pas trop fort – Daniel chez une sexologue, car il refusait de me faire plaisir, m'oubliant systématiquement dans cette intimité, se masturbant sans me prêter attention (désolée d'être si crue...), prétextant des problèmes de santé et de médicaments. Et moi, aussi amoureuse que sotte, je voulais croire à ces alibis invraisemblables.

« Avant que nous quittions son cabinet, cette sexologue a tout simplement recommandé à mon compagnon, qui avait réussi à se montrer tellement triste, désolé, ravagé, effondré : "Pas vrai, monsieur, que vous allez tout faire maintenant pour satisfaire votre femme ?" Je suis partie tétanisée par cette prescription inepte, d'autant plus que, dans notre entretien en tête à tête, elle m'avait avoué qu'il s'agissait d'un problème archaïque et que je ne devais pas me faire trop d'illusions quant à une guérison possible ! Et bien sûr, rien n'a changé, si ce n'est que rapidement j'ai demandé à

faire chambre à part, malgré la colère monstrueuse de mon compagnon. Cela a été la première étape vers ma libération.»

La sexualité de ces prédateurs peut être réduite à une fonction biologique (comme dans l'exemple d'Armelle), au même titre que manger, boire et dormir, ce qui est une façon pratique de nier l'autre en l'effaçant sans vergogne. Il se peut également que ce moment d'intimité soit prétexte à salir le lien amoureux: rejeter le désir de leur partenaire, l'humilier sous couvert de tenter des expériences, l'accuser d'être trop ou pas assez en demande, s'excuser avec malignité pour leur maladresse, se prétendre bloqué par tel ou tel comportement de l'autre, reprocher à sa compagne de ne pas avoir deviné et anticipé ses envies, tenir des propos obscènes, etc. Dans ce domaine aussi, le puissant moteur de dégradation est la haine qui se traduit par la transformation de l'autre en fétiche: d'objet symbolique dans la relation, la partenaire devient objet utilitaire, au sens propre du terme, un *sex toy*, mais un *sex toy* méprisé.

Se victimiser

Où le loup joue à l'agneau

Patricia: «Lorsque j'ai commencé à être malade, dépressive, et que mes collègues s'inquiétaient de ma santé à mon retour, Charles a eu cette réplique qui les a muselés: "S'il y a quelqu'un qui a le droit d'être malade ici, c'est moi!" J'ai appris qu'il avait eu un cancer onze ans auparavant, guéri aujourd'hui. Les journalistes me disaient que Charles abusait de cet argument quand il se sentait coincé.»

Lorsqu'il a usé en vain toutes ses armes, le pervers n'hésite pas à se faire passer pour une victime. Sa mauvaise foi, ses mensonges, son art de la comédie l'aident à soutirer de la compassion, même des plus endurcis. Il exagérera ainsi une maladie, un accident, un licenciement, un procès, etc.

Dans un divorce, il clamera avec des trémolos dans la voix qu'il ne comprend rien, qu'il ne sait pas pourquoi sa compagne est partie, qu'il est le plus malheureux… Les consolateurs ne manqueront pas et finiront même par adopter son point de vue : c'est l'autre, la méchante ! Et des figures maternantes accourront, ou des « amis » intéressés le protégeront s'il occupe un poste de pouvoir.

> *Armelle hésite entre le rire et les larmes lorsqu'elle rapporte les propos d'une amie, pourtant consciente des capacités de nuisance de Daniel, à l'annonce de son départ de la maison : « Mais enfin, tu ne peux pas partir, qui va lui faire à manger le soir, quand il rentrera du travail ? »*

Lorsqu'il y a des enfants, cette victimisation du prédateur devient dramatique, car elle sert ses intérêts pour en obtenir la garde, souvent uniquement en vue de faire souffrir l'autre parent : il n'a pas plus d'affection pour ses enfants que pour quiconque, même s'il clame le contraire, au point de s'en convaincre lui-même. Les enfants, fragilisés par la rupture de la cellule familiale, se font facilement manipuler par celui qui n'a pas d'éthique, de morale, d'émotions ni de respect. On assiste alors à certaines situations révoltantes où ces petites victimes se liguent avec le parent pervers contre le parent sain !

Utiliser un tiers

Le billard à trois bandes ou la stratégie indirecte

Babette : « Christophe avait le chic, dès qu'il était coincé, pour faire intervenir mon père ou ma mère, afin de m'imposer ses délires. »

Cette stratégie est également utilisée par le pervers au sein des groupes, que ce soit en entreprise, en institution ou dans des associations… et que le tiers soit présent ou non.

Albert, consultant senior indépendant spécialisé dans les missions de cohésion d'équipe, garde un souvenir encore brûlant d'un exercice de team building comptant un pervers parmi les membres du groupe. Au début de sa mission, tous sont réunis dans une belle salle d'un hôtel parisien. Albert aperçoit immédiatement un homme assis bien en face de lui, dont l'attitude décontractée – trop décontractée – le frappe : les jambes allongées, un bras passé derrière le dossier de sa chaise légèrement positionnée de biais, l'individu se met de plus à chuchoter à droite et à gauche pendant que l'organisateur présente le programme de la journée.

Albert démarre son séminaire en demandant à chacun d'énoncer les qualités principales à retenir pour que les huit personnes de leur groupe travaillent efficacement ensemble. Le tour de table apporte des valeurs comme « sincérité », « respect », « confiance », « solidarité », etc., qui recueillent l'unanimité. Soudain, le manager propose le mot rigueur, souhaitant très vite mettre l'accent sur son premier objectif. Aussitôt, Luc, notre pervers, se dresse comme un diable sortant de sa boîte et, avec un petit sourire en coin inquiétant, s'exclame : « Je ne suis pas d'accord avec cette notion. » Puis s'adressant directement à l'animateur : « Est-ce que vous connaissez Y, ce célèbre consultant qui a écrit un best-seller comparant une équipe en entreprise avec les habitants du petit village gaulois d'Astérix ? » Albert ne sait pas de quoi il est question. Il tente de rester impassible face à cette intervention supposée moucher son supérieur hiérarchique et lui-même. D'une pierre perverse, deux coups !

Luc poursuit : « Bon, je vois que vous ignorez de quoi je parle. Surprenant, quand même : ce livre prône justement le contraire de la rigueur. Il nous enseigne même combien ces Gaulois, grâce à leur esprit rebelle, incarnent la joie de vivre, la solidarité et l'efficacité dans un heureux bazar ! Je réfute donc le terme rigueur. »

Remous dans la salle, chacun hésite. Le manager jette un regard désarmé à Albert. Ce dernier perçoit que la réussite de la journée (et même son honneur) se joue à cette seconde, or… il est figé. Il veut se donner un temps de réflexion, et invite Luc à poursuivre : « Vous pourriez développer un peu plus votre idée ? » Luc, ravi d'être convié à enfoncer encore plus les deux leaders de la réunion, continue.

Mais Albert n'écoute rien, il s'évertue à sortir de sa léthargie, à rassembler ses idées, lorsque soudain il a une illumination : « Dites-moi, Luc, ce que vous décrivez est bien alléchant, mais pourriez-vous me rappeler ce qui se passe lorsque ces Gaulois rebelles, sans "rigueur", doivent se battre ? Si mes souvenirs sont bons, ils utilisent une potion magique, non ?

Et ce qui est sûr, c'est que cette potion est confectionnée par le druide Panoramix avec une rigueur absolue. La recette en est immuable, les ingrédients inchangés, les doses précises. Bref, en cas de combat, ces doux rebelles savent se montrer intransigeants sur la préparation de leur breuvage défensif. Jusqu'à preuve du contraire, votre entreprise n'est pas une société à but non lucratif, n'est-ce pas ? Donc pour battre vos concurrents, il vous faut de la… » Albert se tourne vers le groupe qui, soulagé, énonce en chœur : « … rigueur ! » Et l'animateur d'ajouter : « Je note donc rigueur et, Luc, je vous prie de vous rasseoir. »

L'arrivée d'un pervers dans un groupe est toujours préjudiciable à l'harmonie, même si, au départ, il s'est montré charismatique, brillant, plein d'humour. Cependant : « Gardez-vous des faux prophètes. Ils viennent à vous en vêtements de brebis, mais au-dedans ce sont des loups ravisseurs[1]. » Effectivement, dès son apparition dans une famille, une équipe, un cercle d'amis, une association, un malaise s'installe et des frictions surviennent. Soit, comme on vient de le relater, en faisant appel à des références extérieures, soit en mobilisant une partie du groupe afin d'externaliser sur eux ses troubles, soit en semant doutes et suspicions. Le pervers excelle dans l'art de monter les gens les uns contre les autres, de faire et de défaire des alliances, de provoquer des rivalités, des jalousies.

« Picasso mettait toujours en compétition ceux qui l'entouraient – une femme contre une autre, un marchand contre

1. Évangile selon saint Matthieu, 7,15.

un autre, un ami contre un autre. Il était maître dans l'art d'utiliser une personne comme un chiffon rouge et l'autre comme le taureau[1].»

L'idéal, au sein d'un groupe, étant pour le pervers d'accomplir la destruction d'une personne par une autre et d'assister à ce combat de coqs, d'où lui-même sortira grandi. Il parvient alors à scinder des groupes très soudés au départ. Diviser pour mieux régner, telle est sa religion.

Pourtant, sa singularité excessive et inquiétante fait qu'en son absence il est invariablement le centre des discussions. Son champ magnétique s'exerce même lorsqu'il n'est pas là, personne ne se doutant de sa pathologie, ce qu'Hurni et Stoll confirment ainsi : « Il est toutefois remarquable combien ces limites du moi, ces enveloppes psychiques fragmentées, ces préconscients troués, ces identités multiclivées, ces logiques inversées sont peu manifestes lorsque nous nous trouvons face à des individus [...] très bien insérés dans la société[2].»

RÉSUMÉ

Les procédés employés par le pervers

- **La dissimulation:** il reste tapi dans l'ombre.
- **La séduction:** il se montre, au début, flatteur, aimable, attentif, dévoué, etc.
- **La désinformation:** il suggère et laisse croire, critique et salit.
- **L'information:** il informe ou intoxique, peu importe la vérité.

---

1. Arianna Stassinopoulos Huffington, *Picasso, créateur et destructeur*, *op. cit.*, p. 489.
2. *La Haine de l'amour*, *op. cit.*, p. 264.

- **La disqualification:** il dévalorise sans cesse.
- **Le détournement des circonstances:** il manipule les situations à sa guise.
- **La rhétorique:** il parle pour ne rien dire, avec des phrases sophistiquées.
- **Le jargon:** il utilise un langage très affecté, crypté, pour rabaisser les autres.
- **L'induction:** il suggère idées, sentiments, réactions, sans s'impliquer.
- **La captation de l'intérêt:** il use de tous les artifices pour capter l'auditoire.
- **La captation des idées:** il se valorise avec les idées des autres.
- **Le comportement non verbal:** il a des attitudes physiques méprisantes.
- **L'isolement:** il divise pour régner, coupe ses victimes de leur entourage.
- **L'emprise:** il exerce une mainmise sur ses victimes emprisonnées.
- **Susciter des envies:** il provoque des envies, puis n'y répond pas.
- **Nier les envies exprimées ou les dégoûts connus:** il oublie les envies récurrentes de sa partenaire.
- **Chosifier:** il perçoit ses victimes comme des objets, des marionnettes.
- **Semer le doute:** il instille des doutes, des soupçons, des reproches, etc.
- **Culpabiliser:** il sème la terreur, sans donner d'explications, pour mieux culpabiliser.
- **Jouer avec l'argent:** il use de l'argent pour affaiblir, dominer, insécuriser.
- **Pervertir l'intimité:** il dégrade la relation sexuelle, l'intimité est méprisée.
- **Se victimiser:** il n'hésite pas, au besoin, à se faire passer pour une victime.

- **Utiliser un tiers :** il se sert des autres pour de bases besognes.

3

Fin de la partie : la victime peut gagner

Pour gagner à ce jeu de dupes, les conditions nécessaires pour la victime sont d'avoir conscience de cette duperie et de nommer précisément cette dictature perverse. C'est le corps qui va être le point d'alerte initial, le seul baromètre fiable à prendre en compte dans un premier temps : la victime se sent de plus en plus mal à l'aise en présence du pervers ou même simplement en y pensant. Circonscrire cet embarras et son anormalité est primordial. L'analyse de cette situation est le prélude à une progressive mise à distance, puis à la mise en place de contre-techniques, affrontement courageux ou fuite radicale ! C'est ce qu'a fait Maryse dans notre préambule. Ses symptômes physiques l'ont ramenée à un pragmatisme objectif, puis sa visite médicale a entamé son travail de compréhension pour la conduire de sa fusion malsaine à une fission salutaire.

La prise de conscience

Évidemment, rien ne peut être tenté pour se départir de cette relation si la victime ne sait pas que le lien est corrompu. Pour sortir de l'engluement, il y a un « moment paranoïaque » qui doit être vécu, un temps de méfiance excessive proche d'un délire de persécution… à cette nuance près que la persécution est avérée. Le danger est perpétuel mais non repérable, il réclame une vigilance permanente, un qui-vive épuisant.

De l'extérieur, cela saute aux yeux, mais lorsque le climat suffocant s'est installé progressivement, après une période de quasi-béatitude, sortir de la torpeur et entrer dans le discernement relève de l'exploit : il faut concevoir l'impasse relationnelle puis le deuil à entreprendre, il faut être à l'écoute de son corps pour ressentir la « démangeaison des ailes[1] », le frémissement d'une envie de liberté !

La métaphore de la grenouille

> *Babette est très humble sur ce point : « J'ai mis un temps infini à commencer à éventuellement envisager de pouvoir imaginer… Bref, c'était progressif et, encore aujourd'hui, je ne suis pas certaine d'avoir tout éclairé ni digéré ! »*

L'expérience suivante est, sur ce thème, très parlante. Si l'on tente d'immerger une grenouille dans une eau en ébullition, celle-ci s'en échappe immédiatement. En revanche si, hors du feu, on la met dans une marmite emplie avec l'eau de la mare, puis que l'on place ce récipient sur un feu très doux dont on augmente graduellement l'intensité… la grenouille s'adaptera au changement de température, perdra ses réflexes de vie et mourra, bouillie, sans l'esquisse d'un coassement !

---

1. Platon, *Phèdre*, Flammarion, 1989.

Lorsqu'un changement négatif s'effectue de manière suffisamment lente, il se dérobe à la conscience et, la plupart du temps, ne suscite aucune réaction, aucune opposition, aucune révolte : « Quand le trauma est chronique, l'événement est moins saillant, puisqu'il est engourdi par la quotidienneté[1]. » Alors que, confrontée à une situation subitement dangereuse dans un contexte personnel, familial ou professionnel, une personne ordinaire défendrait sans aucun doute, bec et ongles, son identité, sa vie.

L'adaptation des victimes est pourtant, au départ, un signe de bonne santé psychologique. En effet, les débuts ont été idylliques, le pervers ayant pris soin d'enrichir l'eau de sa marmite d'insectes, de petits vers de terre et d'algues. Et pour attirer irrésistiblement sa victime-grenouille, il n'a pas hésité à émettre un doux coassement prometteur. Il a ensuite infiltré insidieusement le psychisme de son souffre-douleur, sans coup d'éclat. L'espoir tenaillé au corps, la proie s'est donc laissé envahir par des déceptions, des frustrations, des humiliations. Puis le seuil critique, au-delà duquel le retour est ardu, a été dépassé et les ressources vitales pour éviter la noyade ont été indisponibles.

Valérie en plaisante aujourd'hui : « Mais l'eau de la marmite était très bonne au début, chaude et parfumée. »

1. Boris Cyrulnik, *Le Murmure des fantômes*, *op. cit.*, p. 55.

Le syndrome de Stockholm

Babette: «J'ai longtemps défendu moi-même Christophe. Mais le pire, c'est que dans ces cas-là, l'environnement aussi est sous influence: mes parents l'étaient totalement et le sont encore! Au début, mon fiancé doutait même de moi, c'était tellement énorme!»

L'expression «syndrome de Stockholm» a été inventée en 1973 par le psychiatre suédois Nils Bejerot, à la suite d'un fait divers survenu dans la ville du même nom. Cette année-là, un certain Olsson, prisonnier évadé, braque une banque dans laquelle il se retranche avec quatre otages à l'arrivée des forces de l'ordre. Il est rejoint par son compagnon de cellule, Clark Olofsson, qu'il a fait libérer. Après six jours de tractations, les bandits finissent par se rendre et les otages délivrés font preuve de réactions curieuses: ils s'interposent entre la police et leurs ravisseurs, puis refusent de témoigner à charge contre eux, les défendent à leur procès et, enfin, leur rendent visite en prison. La légende veut même qu'un des otages, une femme, ait épousé l'un d'eux. On retrouve une attitude identique chez Patricia Hearst, fille d'un magnat américain, enlevée en 1974 par un groupe de terroristes (de l'Armée de libération symbionaise) et qui finira par braquer des banques avec eux, adoptant le surnom de Tania…

«Daniel avait un poste à haute responsabilité et, instinctivement, je lui donnais raison, même contre moi. Je le défendais lorsqu'il me rapportait ses soucis managériaux de DRH, je le rassurais alors que je subissais moi aussi, tout

comme ses collaborateurs, ses comportements tyranniques », *comprend Armelle aujourd'hui.*

Ce syndrome précise l'empathie que développent les victimes envers leur(s) ravisseur(s) pour se protéger et espérer être épargnées, pour déchiffrer les émotions et les actions de leur(s) bourreau(x). Dans le cas de Stockholm, l'enfermement n'a duré que six jours et déjà les otages étaient acquis à la cause des braqueurs. On peut imaginer qu'après plusieurs années de cohabitation, la victime d'un pervers est, elle, plus sérieusement phagocytée ! Elle est en danger face à celui qui la convainc de détenir sur elle un pouvoir de vie et de mort. Se croyant alors sans défense, elle s'identifie à lui. Comme pour les prises d'otages, elle développe un attachement paradoxal accru par un système de punitions-récompenses qui alimente le cercle vicieux de la séquestration. Elle est prête à renoncer à sa propre identité par peur de l'autorité.

Isolée, affaiblie, elle est ralentie dans l'appréciation de sa situation par cette inévitable identification à son bourreau. Le syndrome de Stockholm peut s'appliquer ici, car elle est « une personne dont on s'empare et que l'on utilise comme moyen de pression contre quelqu'un, pour l'amener à céder à ses exigences », définition même du mot *otage*. Retenue pour l'obtention de quoi ? De la jouissance de sa destruction à petit feu.

Valérie est gênée par une constatation : « Même après ma séparation d'avec Bernard, j'ai eu du mal à ne pas le défendre. Était-il si infect ? Sans lui, je revivais à 100 %... Il ne m'avait donc pas éteinte ? »

La famille et les quelques amis très proches, encore fidèles, sont d'un grand secours pour réveiller, à son rythme, la malheureuse qui s'obstine dans la défense de son persécuteur. En tous les cas, ils ouvrent une petite brèche qui fera un jour céder le barrage.

Sortir de la communauté de dénis

Nous avons déjà longuement évoqué les dénis propres aux pervers. Il ne faudrait pas ignorer pour autant les dénis que s'imposent les victimes. Afin de justifier à leurs propres yeux cet attachement qui se révèle de plus en plus funeste, les agressées y recourent, elles aussi, sur un mode moins pathologique, plus nuancé que celui de leur conjoint ou de leur coéquipier. Il s'agit, pour elles, d'une oscillation entre déni et refoulement : refus d'entrevoir la vérité et mise à l'écart des pensées négatives, soit des moments inconscients et d'autres plus conscients, mais repoussés. Cet engrenage est facilité par les discours pervertis du collègue de travail ou du compagnon, vantant son couple grandiose – forcément grandiose !

> *Valérie : « Je me mentais à moi-même en me répétant que j'avais tout pour être heureuse et que ce n'était pas quelques anicroches qui allaient mettre notre couple en péril ! Et comme Bernard me serinait la même chose, je voulais voir dans cette volonté commune la solidité de notre ménage, un secret que nous partagions… Certaines fois, je croyais dur comme fer à mes mensonges ; à d'autres moments, je me savais trop lasse pour regarder la vérité en face. »*

Patricia, au début de sa relation avec son patron, vivait une situation semblable : « Charles répétait qu'à nous deux nous allions révolutionner le magazine, que grâce à moi il avait retrouvé sa capacité créative. Il me le disait en privé, mais aussi devant toute l'équipe qui elle-même me renvoyait une image survalorisée de moi et de mon duo avec le chef ! »

Cette « communauté de dénis[1] », cette « alliance inconsciente aliénante », concepts créés par le psychanalyste René Kaës, interviennent justement pour assurer une non-séparation, pour maintenir un lien dont chacun refuse d'entrevoir la négativité et l'impasse, chacun se portant garant de la duperie. Il s'agit alors, pour la victime, d'ignorer ses espoirs, de s'entêter pour préserver l'union coûte que coûte. Mais le prix à payer pour elle sera très élevé…

Armelle reconnaît qu'elle n'a rien appris de surprenant au début de son analyse : « Je savais que je m'obligeais à "positiver" pour fuir cette négativité constante, en cela je choisissais le camp de Daniel contre le mien. Je faisais donc alliance avec lui, avec sa folie, avec sa destructivité… envers moi ! Par ailleurs, la première fois où j'ai fait appel, seule au début, à une sexologue, que j'ai donc dénoncé officiellement notre problématique, que j'ai renoncé à faire comme si, Daniel a piqué une colère mémorable, c'était pour lui un scandale inqualifiable ! "Tu trahis notre couple !" a-t-il hurlé. »

Cette « communauté de dénis » n'apparaît pas que dans les couples pervers-victime. L'ouverture du film d'Ingmar

1. René Kaës, *Les Alliances inconscientes*, Dunod, 2009, p. 131.

Bergman, *Scènes de la vie conjugale* (1973), est assez emblématique de cette volonté commune de se voiler la face : Marianne et Johan, mariés depuis dix ans, donnent une interview pour un magazine, dans laquelle ils étalent une vie parfaite : couple épanoui, enfants merveilleux, vies professionnelles réussies. Mais la tension est palpable et l'apparente félicité à laquelle ils veulent croire va petit à petit se déliter en raison d'un électrochoc, la dispute poignante d'un couple ami, Katarina et Peter, en leur présence.

Pour le tandem pervers-victime, sortir de ce mensonge commun advient, lentement, « grâce » au pervers qui, en multipliant les coups bas et la tyrannie quotidienne, amène sa proie à se détacher de cet idéal qui ne tient plus que par un artifice. Pourquoi cette lenteur ? En dehors des raisons personnelles déjà exposées, il faut accepter que cette « communauté de dénis » ne concerne pas seulement les deux protagonistes, d'autres participent à cette alliance, c'est-à-dire tous ceux qui acceptent de croire à cette tromperie déniée et silencieuse du « tout va très bien, madame la Marquise » : la famille, les amis, les collègues de travail, le boulanger, la coiffeuse…

Armelle confie : « J'étais asphyxiée par un mensonge à moi-même, mais lorsque j'ai commencé à en sortir, j'ai mesuré que j'avais neutralisé aussi tout mon entourage ! Par dignité, par honte, par méthode Coué, par orgueil, par pensée magique… j'aimais voir dans le regard de tous que notre couple était solide, qu'ils croyaient ce que je leur vendais. C'était une spirale infernale de miroirs déformants. Et plus le mensonge durait, plus la possibilité de faire éclater la vérité s'éloignait ! »

De la réaction à l'action

Babette regrette d'avoir mis autant de temps à réagir : « Ça me dévore encore une énergie démesurée, je n'ai toujours pas récupéré ma santé physique (ne parlons pas du psychique !) et, sans nuance, je mets tout sur le dos du conflit. »

C'est l'étape la plus longue et la plus délicate. Pour agir, il faut des forces. Or, la victime a peur, elle est entravée, elle a l'esprit inhibé, diminué, elle continue d'espérer un retour aux premiers temps de valorisation, elle cherche des excuses à cet être impitoyable dont elle ne peut concevoir la noirceur, elle se croit seule responsable de la tragédie : elle préfère se sentir coupable qu'impuissante. L'humiliation d'avoir savouré de façon exaltée les premiers temps de la relation lui fait supposer sournoisement une complicité indigne.

La fameuse formule « responsable, mais pas coupable », utilisée pour sa défense par Georgina Dufoix en 1991, prend ici toute sa valeur. Oui, les victimes sont responsables, elles doivent « répondre de leurs actes » (du latin *responsus*) vis-à-vis d'elles-mêmes, interroger ce choix de partenaire. Non, elles ne sont pas coupables, elles n'ont commis aucune faute, aucun écart de conduite visant à faire du mal à autrui, elles ont été sincères, d'un bout à l'autre.

Valérie a tardé à agir. Elle a mûri lentement grâce à sa sœur qui lui rappelait régulièrement ce qu'était un milieu sain, simplement en l'invitant dans sa famille. Elle ne pouvait que constater une harmonie qui lui faisait furieusement défaut.

Pour sortir de sa « léthargie lucide[1] », sorte de résignation progressive vaguement consciente, un de ses premiers mouvements de révolte consistera à s'adresser à un tiers, car en vase clos, elle n'a plus aucun recul sur la situation.

Nommer, puis avouer sa souffrance

> *Babette : « De façon spectaculaire, ma mère a, sans le vouloir, énoncé le mot qui m'a aidée. Elle s'est un jour écriée : "Tu devrais avoir honte, tu parles de ton frère comme s'il était pervers"… Pervers… Je n'ai pas réagi, mais le mot a fait son chemin, a semé le doute dans mon esprit, puis ce doute s'est transformé en certitude. »*

Nier sa souffrance est, paradoxalement, une attitude protectrice saine, à condition qu'elle ne perdure pas. Cette ignorance est l'étape intermédiaire pour accéder à la reconnaissance de sa douleur. Car « l'affirmation d'un déplaisir n'est jamais un acte psychique simple, mais toujours double : il y a d'abord une tentative de nier le déplaisir en tant que fait, puis un nouvel effort est fait pour nier cette négation[2] ». Que la victime ne refoule pas sa douleur, qu'elle ose l'entendre, puis en parler ouvre le passage vers la guérison. Il faut cependant qu'elle soit consciente que ce tourment est complexe : « On n'en veut pas à la pierre contre

1. Robert Cario, Paul Mbanzoulou, *La victime est-elle coupable ?*, L'Harmattan, 2004, p. 50.
2. Sándor Ferenczi, *Réflexions sur le masochisme*, Petite Bibliothèque Payot, 2012, p. 51.

laquelle on se cogne, on a mal, c'est tout. Mais quand le coup provient d'une personne avec laquelle on a établi une relation affective, après avoir enduré le coup, on souffre une deuxième fois de sa représentation[1]. »

Armelle : « C'était tout simplement inimaginable, je ne pouvais pas, moi, Armelle, m'être offerte avec autant d'enthousiasme à un dément qui m'a martyrisée si aisément. Je ne pouvais pas avoir ainsi foncé droit dans un mur et, en plus, en klaxonnant ! »

La mission initiale d'un ami, d'un médecin, d'un DRH, d'un thérapeute, d'un parent, etc., consistera alors à accueillir ces confessions. Il devra refuser d'être neutre face à ce viol psychique, contrairement à ce qui est conseillé dans beaucoup d'ouvrages, mais plutôt authentifier ces perceptions. Dans une telle situation, un silence même bienveillant sera interprété comme une négation de la souffrance évoquée et une complicité avec l'agresseur. « L'acceptation passive d'un récit traumatique empêche le travail intersubjectif. L'éclopé de la vie comprend que l'autre pense que son trauma n'est qu'un simple chahut, alors devant l'immensité du travail à accomplir, il baisse les bras et préfère se taire[2]. » En revanche, l'interlocuteur, en mettant les mots justes sur la situation et sur l'agresseur, tranquillise la victime : « Vous vivez une relation perverse

1. Boris Cyrulnik, *Le Murmure des fantômes*, *op. cit.*, p. 18.
2. *Ibid.*, p. 51.

avec un bourreau ; cela relève de la psychiatrie pour lui et du “sauve-qui-peut” pour vous ! »

Carole raconte avec beaucoup d'émotion la réplique salutaire de son amie Fabienne, lorsqu'elle a osé lui divulguer les affres de sa relation avec Jacques : « Putain, mais c'est un grand malade ! Tire-toi de là et vite, sinon je vais lui casser la gueule ! » Cette brutalité, cette vulgarité soudaine lui ont fait vivre une secousse dont les effets ont réussi à trottiner jusqu'à sa conscience.

Par la suite, tout ami doit inviter le persécuté à se faire aider par des spécialistes. Et doit lui-même s'efforcer de ne pas devenir un apprenti sorcier-thérapeute, cela fausserait la relation amicale en faisant endosser à cet allié des responsabilités trop lourdes dans ce climat de pure folie. Un ami, aussi sain soit-il, peut finir par être bouleversé par l'angoisse, contaminé par le malheur, et ne plus pouvoir alors apporter la consolation attendue.

Entendre nommer sa douleur et pouvoir ensuite la nommer soi-même, c'est être capable d'y faire face. S'apercevoir que cette angoisse est devenue quotidienne, continue, en présence ou non du danger pervers, est une constatation salutaire. Cette « terreur sans nom » est démasquée, la psyché est débarrassée d'éléments irreprésentables. La victime peut se relever, sonnée certes, mais debout.

Prendre conscience du décalage temporel

« C'était fascinant, dénonce Babette. Je réagissais après chaque assemblée générale en me reprochant : “J'aurais dû

dire ceci ou cela", et c'était la même chose après chaque coup de fil, je raccrochais et me disais "mais… mais… mais…"»

La victime a régulièrement un coup de retard sur l'échiquier. Sa lutte pour se libérer doit passer par cette autre prise de conscience. Les conséquences de ce décalage sont multiples : l'« empreneur[1] », celui qui met sous emprise, évite ainsi les flagrants délits ; en cas d'opposition – tardive, donc –, il peut appliquer avec aisance une stratégie défensive sur le mode « il fallait le dire avant », « pourquoi n'as-tu pas réagi plus tôt ? ». L'envie de justifier ce décalage amène une discussion sous forme de rébellion et éclipse une confrontation sur le fond.

Valérie : « J'étais toujours en retard d'un métro ; en revanche, la rudesse des ressentis était, elle, immédiate. Cela m'a joué des tours chaque fois qu'il me pressait de prendre une décision. On aurait dit que sa vie se jouait soudain sur des riens : un achat, un loisir, un voyage, souvent en défaveur de mes enfants. »

Ces délais s'amplifient à cause de l'effet de surprise, essentiel dans cette stratégie. Seul un autre pervers pourrait anticiper les coups. La stupéfaction de la victime la fragilise, brise sa logique et lui fait perdre toute réaction, immédiate et adaptée. De plus, elle subit une distorsion de sa propre notion du temps.

---

1. Francis CHATEAURAYNAUD, *Les Relations d'emprise, Une pragmatique des asymétries de prises*, EHESS, 1999, p. 21.

> *«Je pensais en toute bonne foi que notre dernière dispute datait d'une quinzaine de jours et, un calendrier à la main, j'ai découvert qu'elle s'était produite l'avant-veille», s'étonne de nouveau Valérie.*

Par ailleurs, la victime ne mesure pas non plus le temps qu'il lui faudra pour se défaire de ce joug si puissant. Le développement de mécanismes de survie pour contourner les sévices psychiques la maintient hors la vie. Elle croit fortement qu'il lui suffira de dire «Stop!» pour que ses tourments cessent. Cette lenteur à réagir lui est d'ailleurs souvent reprochée, car il arrive que ce couple morbide dure plusieurs années. On oublie que la victime a été réellement amoureuse, qu'elle pense avoir perdu le droit à la dignité, qu'elle sait son environnement plus ou moins hostile, qu'elle se sent démunie et qu'alors tenter, contre vents et marée, de changer son conjoint est le seul pouvoir qui lui reste, même si elle pressent que ce n'est qu'un mirage.

Prendre conscience de son importance dans la vie du pervers

> *Babette apprit assez tard que Christophe se renseignait assidûment sur sa famille (elle s'était mariée et avait eu deux enfants entretemps), sur ses loisirs, sur ses relations: «J'ai eu l'impression que ça lui prenait chaque seconde de sa vie.» D'autre part, il était prêt à tout pour que nous restions associés. C'est mon avocat qui m'a mis la puce à l'oreille. Il était surpris de son acharnement à garder le contact, allant jusqu'à me voler mes messages et à maintenir le lien que je cherchais à couper. Il agissait alors dans l'urgence, le*

> *faisait au grand jour et commettait des erreurs de débutant. Finalement, il ne pouvait pas vivre sans sa drogue : moi, ou plutôt le mal qu'il pouvait me faire.* »

Le plus dépendant des deux n'est pas celui qu'on croit ! Même si le pervers s'est ingénié à faire admettre à sa proie que c'est elle qui sollicite cette dépendance et qu'il est irremplaçable. Comment peut-il survivre sans sa drogue ? *Toxicomanie* provient, étymologiquement, du grec *toxikon*, « poison » et *mania*, « folie »… La définition qui suit est aussi très éloquente. Selon l'Organisation mondiale de la santé (OMS), la toxicomanie (ou pharmacodépendance) se manifeste par quatre éléments : l'impossibilité de se passer d'un produit ; la nécessité d'augmenter les doses ; une dépendance psychologique et parfois physique à la suite d'une utilisation continue ; et des conséquences désastreuses dans la vie quotidienne (affectives, sociales, financières). Ces analogies se passent de commentaires. À ceci près : dans le cas des relations perverses, c'est le persécuté, et non le toxicomane, qui vit des « conséquences néfastes » sur sa vie quotidienne.

> *Valérie : « Je me suis soustraite à sa présence en investissant ce qu'il n'affectionnait pas. J'ai donc, entre autres, commencé la danse country, d'autant plus aisément que Bernard détestait danser. À ma grande surprise (et déception), il a débarqué un soir à notre cours en jurant avoir été sollicité par le prof, parce qu'il manquait d'hommes. Là, j'ai constaté qu'il ne pouvait pas se passer de moi.* »

La victime devra réaliser la dépendance du pervers envers elle-même pour inverser, mentalement, les positions dominé/dominant avant de sevrer le pervers. Il lui faudra également se détacher des souvenirs d'un bonheur qui n'était qu'un piège.

Carole: «Jacques était incapable de vivre seul. Comme il était insomniaque, lorsque je dormais, il me disait attendre que je me réveille pour que sa vie reprenne! Au début de notre relation, je trouvais ce comportement si attendrissant! Par ailleurs, il était très jaloux et me pistait jusque dans ma voiture. Il voulait que je l'appelle dès que j'étais en route pour partir au travail, puis dès que j'étais arrivée, puis à heures fixes dans la journée. Idem pour le trajet de retour.»

Le facteur déclenchant

Babette: «Mon mari, à son insu, m'a ébranlée. Alors que je passais une énième soirée dans mes dossiers à tenter de sortir des embûches tendues par mon frère, il m'a parlé avec une infinie tendresse et a lâché: "Babette, tu es une femme courageuse, combative, droite, honnête, gentille, drôle... mais cela s'enfouit doucement pour laisser place à une personne amère, aigrie, inquiète, triste, sombre... Tu gagneras sûrement ton procès contre ton frère, mais lui, il est en train de gagner son combat contre ce que tu es."»

Pour chacun, le facteur déclenchant est variable, car il dépend de la personnalité, du degré de souffrance, de la durée du calvaire, du domaine envahi (personnel ou professionnel), des dégâts collatéraux (enfants, famille, collègues de travail), de l'état psychique et physique juste avant la malheureuse rencontre. Quoi qu'il en soit, il n'est jamais trop tard, mais quel traumatisme!

Valérie distingue deux étapes. La première correspond à son renoncement à sauver Bernard. L'élastique qui les reliait s'est alors distendu. La seconde, peu de jours après, fut la prise de conscience que ses deux enfants étaient devenus taciturnes, apathiques et conscients de sa propre détresse : « Ludovic, mon petit garçon de trois ans, m'a dit un jour : "Maman, je veux que tu es triste pas." Là, l'élastique s'est cassé. »

La rupture est sans retour et toujours initiée par la victime, presque jamais par le pervers ! Les yeux sont dessillés, les oreilles en alerte, les idées éclaircies, le cœur ouvert à soi et fermé à l'autre.

Carole se souvient : « Jacques a tenu à mon avocat des propos délirants. Ce dernier l'a fait parler, puis il a attiré mon attention sur les risques que je courais, car il supposait des détournements en cours. Ce fut un coup terrible pour moi. J'ai enfin compris que Jacques m'escroquait et que ma seule issue était la rupture. »

Pour Armelle, l'échec de la sexologue associé à celui du thérapeute de couple qu'elle confie plus loin, ont sonné le glas de son mariage. C'était une évidence, elle renonçait. « Ce fut un soulagement et une honte, la honte de ne pas avoir été aimée et d'être quand même restée ! » Et le jour où elle s'est décidée à partir, elle a annoncé à sa meilleure amie : « Mon couple aujourd'hui, c'est le Titanic, sans l'orchestre ! » Ce à quoi cette amie a rétorqué : « On est sauvé, tu recommences à plaisanter ! »

Patricia, quant à elle, allait de plus en plus mal en multipliant les congés maladie. Elle a réagi avec horreur

> *et détermination le jour où elle en est arrivée à vomir du sang : « Là, j'ai su que je ne retournerai plus au journal, que mon calvaire était terminé ; j'ignorais complètement ce que j'allais faire, je savais juste que je ne croiserais plus jamais le chemin de mon bourreau. »*

Il arrive que le facteur déclenchant ne soit pas d'une gravité extrême, que ce soit juste la goutte d'eau qui fasse déborder le vase :

> *« Il m'a réveillée à 2 heures du matin pour exiger que je fasse la vaisselle qui était restée dans l'évier. Le lendemain, j'étais enfin partie, après un an de galère », raconte un autre témoin.*

Toutes les victimes ne connaissent pas cette brutale prise de conscience. Certaines restent leur vie entière auprès de leur tortionnaire, et l'on peut cette fois se poser la question du masochisme. Elles adoptent alors des comportements vicieux, mais moins subtils, car acquis. En s'identifiant à leur agresseur, elles tentent de le surpasser en cruauté. Elles semblent se venger sur d'autres de leurs propres déconvenues. N'ayant pu éviter la morsure du vampire, elles sont devenues vampires à leur tour…

RÉSUMÉ

La prise de conscience

- **La métaphore de la grenouille**

La victime est rassurée en s'apercevant qu'elle est, comme une grenouille, sans réaction, lorsqu'on la met à bouillir en augmentant le feu très doucement. En revanche, jetée dans l'eau bouillante, elle s'échapperait.

- **Le syndrome de Stockholm**

La victime, terrorisée par son bourreau, est comme prise en otage et développe une empathie envers son ravisseur ; le savoir permet d'en sortir.

- **Sortir de la communauté de dénis**

La victime doit comprendre qu'elle a, à son insu, créé une alliance inconsciente avec le pervers sur le mode négatif, refusant d'entrevoir la noirceur et l'impasse dans lesquelles ils sont tous les deux, chacun se portant garant de la duperie.

- **De la réaction à l'action**

C'est l'étape la plus ardue : la victime est affaiblie, fragilisée, moralement et physiquement. Or, se mettre en mouvement pour se déprendre de son persécuteur demande une énergie colossale et le concours d'une aide externe.

- **Nommer, puis avouer sa souffrance**

Entendre nommer sa souffrance, la nommer soi-même, mettre des « mots » sur ses « maux », c'est pouvoir commencer à y faire face.

- **Prendre conscience du décalage temporel**

La victime a sans cesse un coup de retard sur l'échiquier pervers, elle doit accepter que seul un autre pervers pourrait lutter contre ce décalage. Sa propre notion de temps est également faussée.

- **Prendre conscience de son importance dans la vie du pervers**

Le plus dépendant des deux n'est pas celui qu'on croit, le pervers ne peut pas vivre sans sa drogue : sa victime !

- **Le facteur déclenchant**

La rupture est presque toujours initiée par la victime. Pour chaque cas, le facteur déclenchant est différent, progressif ou brusque.

Les contre-techniques

La victime est sortie de sa léthargie, elle sait que la partie est perdue et qu'à présent elle doit sauver sa peau. Mais comment s'y prendre lorsqu'on commence à émerger d'un coma psychologique ? « Un traumatisé n'a pas le choix, puisque le fracas est là, avec l'effraction qui le bouleverse et le met en demeure de choisir entre l'anéantissement ou la bagarre[1]. » Cette bagarre peut prendre plusieurs formes, comme attaquer sur place ou fuir pour mieux passer à l'offensive ensuite.

« *On ne négocie pas avec un terroriste* »

Tel doit être le mantra de la victime, car l'adversaire au mieux se dérobe, mais au pire et le plus souvent, renverse la situation : la victime qui accuse devient coupable.

> *Babette : « Il est extrêmement malaisé de rester propre, d'arriver à ne pas être pervers soi-même. J'ai refusé de régler la dernière facture de Christophe, il a perçu ma mauvaise foi et il a eu une jubilation très forte, car c'était illégal. J'ai compris que lui rendre la pareille me salissait. Discuter était infaisable, le raisonner était superflu, bref, il me fallait agir comme s'il n'existait pas. J'ai réglé la facture.*
>
> *» Avec le recul, je suis sûre d'avoir moi-même, par moments, usé de comportements pervers, mais c'était pour me défendre ! Ce n'est pas glorieux… Mais il n'y en a pas eu beaucoup, car*

1. Boris Cyrulnik, *Le Murmure des fantômes*, *op. cit.*, p. 114.

je me rabâchais encore et toujours : "Ignore-le, il n'existe pas, ne te laisse pas atteindre, surtout ne discute pas avec lui"... »

C'est l'écrivain et psychanalyste Michel Schneider[1] qui nous permet de faire plus concrètement le lien entre terroriste et pervers. Il identifie quatre traits dans le fonctionnement terroriste : la méconnaissance du réel, le recours à l'acte, l'effacement de l'autre et le contrôle de la loi. Et de fait, le pervers, tout comme le terroriste, s'imagine une réalité où il s'invente et invente les autres, il agit sa pulsion de mort pour détruire sa victime, il refuse qu'autrui soit différent de lui pour mieux le maîtriser et, enfin, quatrième point déjà indiqué, il ne connaît que sa propre loi.

Ainsi terrorisme et perversité visent à engendrer la « terreur », c'est-à-dire à créer un climat de peur. Le terrorisme n'est pas la guerre qui, elle, se caractérise par une réciprocité des points de vue, des règles connues, des actions décidées et entreprises par chacun des deux adversaires. Or, pour des terroristes qui s'esquivent sans cesse, seuls comptent leurs conceptions insensées, leurs règles fluctuantes, leurs interventions stupéfiantes. Dans cette bataille, le combat est déloyal et celui qui tente une lutte vertueuse a perdu d'avance.

Sortir du ressentiment

« Je ne pensais qu'à cette relation vénéneuse. Chaque seconde disponible, j'avais l'impression d'un court-circuit dans mon

1. Michel Schneider, *Big Mother*, Odile Jacob, 2002, p. 294.

cerveau, au point de vouloir me faire lobotomiser!» admet Babette.

Les prises de conscience s'accompagnent inexorablement d'un flot de ruminations, de ressassements. L'injustice endurée, la haine éprouvée, l'aigreur perçue, les remords envahissants, la désillusion enchaînent la victime à un passé continuellement revisité. Ces émotions nuisibles la maintiennent dans une position autodestructrice, autohypnotique de fermeture aux autres, de mal-être constant, et amplifient le mécanisme… pervers. Autant que leur propension à agir, leur avenir est occulté.

«J'ai mis du temps à tolérer cette violence emmagasinée qui demandait à ressortir. C'est en me rêvant meurtrière de mon frère que je l'ai identifiée. Il m'a fallu un long travail pour m'apaiser», conclut Babette.

«Sortir du ressentiment» pourrait être perçu comme chimérique. Si ces rancœurs sont légitimes (il s'agit quand même d'une tentative de meurtre psychique sur soi!), les balayer d'un revers de main n'est pas chose aisée. Pourtant, reconnaître que ce personnage malveillant est affligé d'une grave maladie et que celle-ci est quasi incurable sont des appuis appréciables. Cela consiste à réfléchir aux impasses de son agresseur, à tenter de les analyser, sans se mettre à sa place ni l'excuser: le pervers, bien souvent, a été victime avant d'être bourreau. Cela fait tomber l'idole autoproclamée de son piédestal et apporte un peu de sens dans cette histoire délirante.

Carole remercie encore ses copains retrouvés: «C'est là que la qualité des amis joue. Ils m'ont persuadée de ne pas laisser la haine m'envahir. On ne peut pas haïr un malade. Et j'ai réussi. Ma force vient de ce que j'aime toujours celui que j'appelle le Docteur Jekyll. Il a été un mari fabuleux pour moi. Mon amour est mort, mais c'était un bel amour. »

Sortir de l'isolement

Babette témoigne : « Mon mari a été le premier à m'extraire du cauchemar avec mon frère en déclenchant ma sortie d'anesthésie ; puis il y a eu des relations et, surtout, une amie DRH qui avait fait HEC avec moi et qui venait d'accompagner une salariée de son entreprise harcelée par son manager. »

Quitter ce huis clos fatal n'est pas commode, car le persécuteur a mis en place un collage puissant. Il doit avoir sa victime à portée de main pour garder le contrôle sur elle, pour qu'elle ne lui échappe pas et, surtout, pour éviter qu'avec du recul ou une aide externe elle ne prenne conscience d'être piégée.

Là encore, demander de l'aide soutient une démarche saine contre un phénomène qui nous dépasse. C'est ce que fit Thésée. Ce mythe, comme tous les mythes, va nous éclairer sur le chemin éprouvant à emprunter pour affronter la vérité sans se perdre… grâce à autrui. Il nous renvoie à notre imaginaire collectif. Il se situe hors du temps, nourrit notre interprétation de la réalité, donne un élan à notre raison pour nous élever, séduit par ses réponses pleines de bon sens, nous rassure enfin là où l'irrationnel effraie. Thésée, donc, fils du roi Égée, se trouva parmi les jeunes gens envoyés en sacrifice en Crête pour servir de pâture au Minotaure.

Grâce à Ariane, tombée amoureuse de lui, il entra dans le labyrinthe en dévidant une bobine de fil qu'elle lui avait remise, tua le monstre endormi, puis rembobina ce fil pour retrouver son chemin. Reprendre le fil de sa vie…

> «*Notre couple était fusionnel, atteste Carole, mais Jacques a réussi le tour de force de ne jamais prononcer un seul mot d'amour. Cette fusion dont je rêvais devenait de plus en plus étouffante, car nous n'avions aucun apport d'oxygène extérieur, de par sa faute, de par ma faute.*»

Avant toute tentative d'action, il faut trouver un observateur externe. Demander assistance est un premier acte initiatique, il participe déjà à cette prise de recul salutaire. Jusque-là tournée trop souvent vers le désir des autres, la victime n'a pas su identifier, puis énoncer ses propres besoins.

Encore une fois, s'extraire de la réclusion requiert le concours d'un ami, d'un médecin, de la DRH de l'entreprise, d'un membre de sa famille, d'un religieux, d'un thérapeute… Bref, d'une personne sans jugement, bienveillante, non culpabilisante, qui, en aucun cas, ne doit se montrer neutre, comme nous le précisions auparavant. La victime a un besoin impératif qu'un étranger à sa tragédie lui confirme qu'elle n'est pas désaxée, mais qu'elle a rencontré un «fou». Une personne qui sait recevoir les faits, les opinions, les souffrances et qui permet d'entrapercevoir quelques ressources internes. Quelqu'un qui suggère des solutions rapides de survie ; on verra plus tard pour la guérison. Il s'agit d'aider la victime en lui démontrant deux choses : d'une part qu'elle subit un terrorisme et, d'autre part, que si elle ne peut légitimement rien faire dans l'immédiat, elle doit en premier lieu se mettre à l'abri.

Armelle livre avec émotion la réaction de sa tante : « J'étais allée me réfugier chez elle, dans un premier temps, car je me sentais en danger physiquement : après avoir annoncé mon départ, j'ai dû la nuit même m'enfermer dans ma chambre en me bouchant les oreilles tant les hurlements de Daniel et ses tambourinages contre ma porte étaient terrorisants ! Ma tante Pauline m'a simplement dit : "Tu es ici chez toi et, même si tu n'étais pas ma nièce, je te dirai cette vérité : tu es une belle personne, ne laisse plus jamais quiconque t'en faire douter." Et j'ai pleuré doucement dans ses bras. C'est d'ailleurs elle qui a hébergé ma fille durant toute la tragédie et qui l'a accompagnée chez le pédopsychiatre lorsque je ne tenais plus debout. »

Sortir de l'isolement, c'est aussi reprendre contact avec des relations évaporées ; les vrais amis proches, eux, sont restés à côté et attentifs. On peut avoir écarté ces soutiens pour répondre à la demande de son compagnon pervers, pour ne pas afficher sa honte de se sentir incompétente au travail ou en raison d'un début de déprime. Souvent la victime prête aux autres la mauvaise image qu'elle a d'elle-même.

Ce mouvement vers l'extérieur doit se pratiquer avec précaution, car il existe un lourd malentendu qui donne un alibi solide et consensuel aux relations sollicitées : « Ce sont des histoires de couple, disent-ils en chœur, on n'est pas dans leur intimité, donc on ne doit pas prendre parti. » Effectivement, dans une séparation « normale » pour incompatibilité d'humeur, infidélité, lassitude… ces réactions prônant la neutralité sont saines. Or, dans ce genre de liaisons souillées, il n'est pas question d'antagonisme, mais de forfait ! On assiste alors à une escalade d'arguments : la victime tente de façon penaude et confuse de bredouiller sa tragédie ; les amis, eux, voulant se convaincre de leur position équitable, s'arc-boutent sur un « cela ne nous regarde pas » qui rend leur interlocutrice encore plus penaude et confuse… Cette dernière abdique donc très vite devant cette joute perdue d'avance. Il faut se préparer à ce choc et renoncer à affronter cette injustice si l'on n'en a pas la force. En tout cas, le tri parmi ces relations se fera très vite.

Armelle encore : « Trois amis m'ont proposé les clés de leur maison, deux personnes très proches et une troisième qui, ayant appris incidemment mon malheur, m'a appelée pour faire la même offre. Je venais d'être rejetée ou gommée par tant de monde, je rasais les murs, baissais les yeux, évitais les miroirs et soudain, de si jolis cadeaux fraternels ! »

Pour ceux qui, sincèrement, ne sont au courant de rien, on peut penser que ce système de défense est humain ; pour les autres, les explications qui suivent consoleront peut-être les victimes.

Comprendre les réactions de son environnement

Afin de ne pas ajouter de la douleur à l'horreur, il faut comprendre les réflexes de certains amis, réflexes « ontologiques », relevant de la nature humaine et non liés à la qualité de l'offensée. Nous verrons plus loin ce qu'il en est lorsqu'il s'agit d'un groupe relationnel officiel, d'une association, d'un club, etc.

Une première hypothèse, pleine de bon sens, est simplement l'incapacité pour ces relations d'envisager le « mal », la constance de ce « mal », l'incurabilité de ce « mal », seules façons d'approcher la perversité. Ce blocage est puissant, massif et, lorsque à force d'arguments concrets il vacille, ce moment est éphémère et à renouveler.

Armelle s'est souvent confiée à Noémie, une camarade d'enfance qu'elle ne considère pas comme une amie, mais qui a toujours été présente dans les bons et les mauvais moments. Noémie sait depuis peu le calvaire d'Armelle, son départ de la maison, même si – au début – elle a eu quelques difficultés à l'intégrer. Au cours de leurs rencontres, Armelle a mesuré la bonté indéfectible de Noémie qui se montrait même parfois plus virulente qu'elle à l'égard de Daniel. Jusqu'au jour où Armelle, à la recherche d'un nouvel informaticien (le précédent étant celui de Daniel), demande conseil à Noémie. Celle-ci lui suggère comme une évidence : « Eh bien, demande à Daniel, il en connaît plein ! » Armelle rétorque que c'est impensable, s'en explique, rappelle la guerre froide, les horreurs, mais Noémie insiste : « OK, OK, mais il y a prescription maintenant, depuis trois mois l'eau a coulé sous les ponts et je suis sûre que Daniel sera content de t'aider. » Armelle n'a pas réagi et s'est soudain sentie très seule.

Ce rejet du « mal » à l'état pur est présent dans beaucoup d'écrits qui tendent à minimiser la tragédie ou à culpabiliser la victime pour trouver une explication cohérente à cette perversité qui ne saurait être innée. Maurice Hurni et Giovanna Stoll le confirment : « La plupart des écrits sur la perversion ne rendent absolument pas compte d'un élément essentiel de cette pathologie, qui est la *violence* [souligné par les auteurs] inouïe qui s'y trouve à l'œuvre. Les termes mesurés de cette littérature-là ne traduisent pas la portée véritablement meurtrière de ces attaques, amoindrissent leurs effets dévastateurs sur la victime. [...] Nous nous sommes efforcés de la traduire dans son effrayante réalité avec des termes comme *proie*, *éviscération* ou *meurtre psychique*. À vrai dire, même ces termes se révèlent souvent inadaptés à ces situations pathétiques. (Comment rendre compte de la vie d'une personne "morte vivante", dépossédée de son existence[1] ?) »

À bout d'arguments, Armelle a eu une réplique d'une férocité extrême, qu'elle regrette à présent. À une amie qui lui répétait qu'à la longue elle aurait une vision plus apaisée de la situation, qu'elle était encore échaudée, que Daniel avait certainement des vertus qu'elle n'arrivait plus à voir, Armelle a presque hurlé : « C'est simple, les gens qui sont du côté des Juifs ne peuvent pas être aussi pour Hitler ! D'ailleurs, comme pour les Juifs rentrant des camps, les gens refusent de nous entendre, nous sommes muselées ! » Armelle ressent encore maintenant le froid qui a suivi.

Au sujet des réactions environnantes, Philippe Van Meerbeeck propose une autre hypothèse. Il s'agirait pour l'entourage qui a entraperçu la vérité de ne « rien vouloir savoir », attitude qui découle d'un « ne rien pouvoir voir », d'une « tache aveugle[2] » du lien pervers : comme la rétine qui possède une zone insensible aux rayons lumineux (là où le nerf optique rejoint le globe oculaire), le voisinage aurait

1. Maurice Hurni, Giovanna Stoll, *La Haine de l'amour*, *op. cit.*, p. 240.

2. *L'Infamille ou la Perversion du lien*, *op. cit.*

une zone psychique incapable de percevoir l'accomplissement en acte de son fantasme refoulé ! Même si l'effroi et la répulsion sont spontanés, chacun est inconsciemment fasciné et paralysé par ce pervers qui exécute nos pulsions interdites, que nous, simples névrosés normalement constitués, rejetons avec embarras et vigueur… Qui n'a pas fantasmé d'éreinter son voisin, d'insulter son banquier, de rabaisser son patron ou de dire ses quatre vérités à sa belle-mère ? Vous en avez rêvé, le pervers, lui, le fait.

Philippe Van Meerbeeck va d'ailleurs très loin dans ce raisonnement, puisque, par ce biais, il explique pourquoi certaines enquêtes judiciaires mettant en cause des pervers (ici des pervers sexuels) aboutissent difficilement : les disparus de Mourmelon et l'affaire Dutroux lui semblent de bons exemples d'enquêteurs dépassés ayant – malgré eux – fait traîner les recherches ou commis des bévues, alors que les preuves accablantes se trouvaient « sous leurs yeux ».

Cette « tache aveugle » n'excuse pas ces futurs ex-amis devenus, par inertie ou par lâcheté, complices du bourreau, car dans l'après-coup il est nécessaire de recouvrer la vue, sous peine de non-assistance à personne en danger ! Mais lorsque le bourreau a séduit ces amis-là et que de surcroît il exerce une fonction notable (ce qui est fréquent chez les pervers, nous l'avons vu), chacun trouve de bonnes raisons de regarder ailleurs.

Qu'en est-il donc pour les groupes constitués officiellement ?

Accepter le « pacte dénégatif » du groupe

Si nous revenons sur ce « regarder ailleurs » dans un groupe, cette fois, on peut nommer cette attitude commune de rejet

« pacte dénégatif », un concept formulé par René Kaës[1] et très bien dépeint par Carole :

> *« Lorsque j'ai annoncé ma séparation, j'ai assisté, impuissante, à une désertion quasi totale des membres de notre groupe de marcheurs. C'était le groupe de Jacques au départ, mais son mépris – non affiché – pour chacun ne lui avait pas permis de nouer des liens en dehors des balades. Mon arrivée à ses côtés a complètement changé la donne : d'emblée, j'ai aimé ces gens et j'ai organisé à la maison, après avoir bataillé avec Jacques (ce que personne ne savait), des fêtes, des soirées, des dîners, etc.*
>
> *» Dès l'annonce de ma décision de rompre, quelques très rares personnes avaient osé rester en contact avec moi, mais lorsque je suis partie définitivement de la maison et en catastrophe, car j'étais en danger, officialisant ainsi la rupture, j'ai été "effacée", je ne vois pas d'autre mot ; plus de nouvelle de quiconque, le vide total. Pourtant aujourd'hui, on peut, sans trop s'impliquer, envoyer un mail ou un texto avec un petit coucou. Mais là, rien, un long et lourd silence violent et absolu, de tous. »*

On peut penser que, dès son admission dans ce groupe, Carole a été partie prenante d'« alliances inconscientes » préexistantes entre tous, c'est-à-dire de liens collectifs non explicites, souvent indéchiffrables, dont la fonction principale est de contracter, de maintenir et de resserrer les attaches de cette communauté, afin qu'elle perdure.

1. René KAËS, *Les Alliances inconscientes*, *op. cit.*, p. 113.

Ces liens consistent surtout à prohiber toute querelle ou opposition, tout conflit ou désaccord, en vue de maintenir une « organisation que l'on peut qualifier de "molle" et qui parvient à contenir ensemble des éléments antagonistes, parce que la question de leur antagonisme n'est justement pas interrogée[1] ». Appliquées au champ social, ces alliances inconscientes défensives surgissent dans la haine de l'étranger, dans le racisme et, à une plus grande échelle, dans le déni négationniste. « Le pacte dénégatif présente ainsi une double face : par certains aspects, il fait partie des alliances nécessaires à la structuration du lien, et par d'autres aspects il fonctionne comme une des alliances aliénantes[2]. »

Dès l'annonce de son départ, Carole a, sans le vouloir, mis en danger l'harmonie de cette association. Pour éviter la déliaison et la discorde, chacun a souscrit inconsciemment un « pacte dénégatif », rejetant l'élément perturbateur (celle qui annonce une rupture) puis déniant en commun cette perte. Cela a permis de prévenir un risque d'effondrement pour les membres de l'alliance en ne se confrontant pas à la séparation, au deuil. Carole a été exclue et s'est exclue sans qu'aucun mot n'ait été prononcé. C'était le groupe de Jacques avant son arrivée, cela reste le groupe de Jacques après son départ, peu importe ce qu'il a pu faire, même si on s'en doute. Comme les célèbres trois singes asiatiques,

1. Paul Fustier, *Les Corridors du quotidien*, Presses universitaires de Lyon, 1993, p. 67.
2. René Kaës, *Les Alliances inconscientes*, *op. cit.*, p. 122.

chacun se couvre les yeux, les oreilles et la bouche pour « ne rien voir, ne rien entendre, ne rien dire ». L'incident est clos et, d'ailleurs, il n'y a pas eu d'incident.

L'alliance perdure grâce à son contrat tacite qui fonctionne sur le principe de l'inclusion et de l'exclusion.

Armelle, quant à elle, dynamique dans un club de tennis où elle s'était inscrite avant Daniel, dénonce la nécessité d'être tous à égalité dans un groupe : « Aucune tête ne doit dépasser, personne ne doit se distinguer, même si c'est positif, même si cela est fait avec humilité. Alors si en plus c'est négatif et que ça met en cause l'équilibre commun en raison d'une rupture sur fond de viol psychique, le prix à payer est la radiation immédiate, sans appel, sans avocat. Daniel a continué ses entraînements pendant que moi j'étais à terre, et lorsque je suis revenue, en toute petite forme, je me suis sentie comme une étrangère. Cela m'a paru d'autant plus grotesque que Daniel me répétait que les gens devaient sentir que je les aimais, tandis que lui les détestait. »

Est-ce que cela légitime chaque individu de ce cercle relationnel à ne pas soutenir la détresse, qui résulte d'un crime psychologique, de cet ancien membre pourtant estimé du groupe ? Poser la question, c'est y répondre… Et soudain, cette alliance groupale devient aliénante, défensive et pathogène individuellement, car dans un cas si pénible la conservation du groupe passe par des trahisons singulières, une complicité immorale, une tolérance indigne.

Annie Guilberteau (directrice générale du Centre national d'information sur les droits des femmes et des familles) va, elle, plus loin dans son raisonnement en affirmant : « Les femmes sont des victimes culturellement légitimées[1]. » Cela laisserait à penser que, dans l'inconscient collectif, la souffrance d'exclusion d'une femme serait plus banale que celle d'un homme qui continue d'être perçu, lui, comme le détenteur intouchable d'un pouvoir. Cela expliquerait certaines réactions « machistes » assénées à des épouses persécutées annonçant leur courageux départ : « Oui, ton mari est cynique, mais tu sais bien qu'il est incapable de se débrouiller tout seul dans une maison. » Ou : « Effectivement, il souffre de maladie mentale, mais tu dois quand même avoir ta part de responsabilité et, comme il a du pouvoir et de l'argent, tu dois rester, sinon tu perdras tout ! »

Philosophe et psychanalyste, Miguel Benasayag, de son côté, n'est pas tendre envers cette passivité, que lui-même a subie à son retour des prisons argentines, passivité qu'il attribue à l'homme moderne : « La lâcheté, la paresse, l'égoïsme seraient le choix courageusement assumé par nos contemporains[2]. »

Pour la victime, donc, « accepter qu'il s'agit d'un pacte dénégatif » n'est bien sûr en rien y consentir, mais intégrer, là aussi, que cette exclusion concerne un membre du groupe et non elle-même.

Notons que ce genre de pacte peut se nouer dans d'autres circonstances. Dans le film *Les Invasions barbares*[3],

1. Robert Cario, Paul Mbanzoulou, *La victime est-elle coupable ?*, *op. cit.*, p. 72.
2. *Parcours*, *op. cit.*, p. 90.
3. Denys Arcand, 2003.

Sébastien, le fils du héros Rémy, crée au chevet de son père un monde étanche et rassurant avec la complicité d'anciens étudiants, de syndicalistes, etc. Il faut donner le change au malade, le maintenir dans sa conviction d'être toujours aussi charismatique. Pour éviter la catastrophe, le pacte dénégatif fonctionne à plein.

Accepter la triple peine

Carole se plaint encore aujourd'hui du bouleversement matériel qui a suivi sa décision : « Non seulement je souffrais d'une séparation amoureuse, mais j'ai dû déménager et, pour couronner le tout, j'ai été dans l'obligation de changer de médecin, de supermarché, de club de gym, de pharmacien, de coiffeur... afin d'éviter Jacques et tous ces gens qui refusaient de comprendre. Cela a été douloureux, mais relativement facile, car le premier jour où j'ai fait mes achats à l'endroit habituel, une ex-amie m'a croisée et, connaissant pourtant ma situation, m'a joyeusement lancé : "Mon Dieu, mais tu as fait un sacré régime ! Combien tu as perdu ?" Je suis restée hébétée et muette, j'aurais aimé lui répondre que, oui, effectivement, j'avais suivi un régime, un régime totalitaire qui m'avait fait perdre sept kilos et toutes mes illusions ! »

Le pervers ne peut se passer de sa drogue, il ne quitte donc jamais sa proie, sauf si cette drogue est éventée et que cette proie est moribonde. C'est à la victime de faire la démarche de rompre et de partir. Elle doit alors subir un triple châtiment. En premier lieu, elle est bien évidemment effondrée de l'échec de son couple et des conséquences, psychologiques et physiques, dévastatrices qu'elle endure.

Elle doit ensuite quitter son domicile, qu'elle a généralement été seule à investir amoureusement (la décoration est inintéressante pour le pervers, la notion de nid chaleureux lui échappe complètement). Elle doit enfin, le plus souvent, changer ses habitudes pour faire ses courses, modifier son réseau de soins, de loisirs… La punition est triplement lourde, mais elle est le prix de la libération. Souvent, une quatrième sanction apparaît : les problèmes financiers.

Patricia a vécu ce même amoncellement à son travail : « Le jour où j'ai quitté le magazine, j'étais dans une grave dépression, mais la pénitence n'était pas suffisante, j'ai dû ne plus revoir mes collègues du jour au lendemain – car j'attaquais leur boss aux prud'hommes – et ne plus avoir de salaire le temps que justice me soit rendue ! »

Trouver des témoins

Babette a été déçue et heureusement surprise dans sa recherche : certains amis se sont dérobés et d'autres se sont révélés. Elle n'a pas hésité également à rassembler des constats d'huissier.

Sachant que le pervers est habile à ne pas être pris la main dans le sac et à isoler ses victimes, que la victime elle-même s'est isolée, cette démarche (trouver des témoins) s'avère ardue. Elle est rendue d'autant plus laborieuse que le mécanisme dominant dans les relations de la victime est, comme on l'a constaté, le déni.

Patricia en est encore stupéfaite : « Tous mes collègues savaient ma souffrance, mais personne ne voulait en discuter avec moi ; alors pour être témoins, n'en parlons même pas ! Comment est-ce possible ? Comment ces gens proches de moi, connaissant mon goût pour la vie, comprenant implicitement et souvent explicitement ce qui s'est joué devant leurs yeux, peuvent-ils assister, silencieux – voire virulents et culpabilisants – à mon combat pour m'en sortir ? »

Virulents ou culpabilisants pour justifier cette trahison à leurs propres yeux : qui veut noyer son chien l'accuse de la rage… Pour tous, les victimes ont le devoir de se taire, car ce qui n'est pas nommé n'existe pas. Dans son équipe, Patricia doit faire, seule, les frais de la rupture de son silence, elle est responsable d'avoir brisé une pseudo-harmonie d'équipe ; comment demander à ses collègues de risquer leur place pour elle ? En regardant ailleurs, ils préservent l'image qu'ils ont d'eux-mêmes, ils nient leur lâcheté.

Magnanime, Patricia reconnaît, avec le recul, qu'elle ne leur en veut pas : « Par ces temps de chômage, je peux vraiment comprendre, mais j'aurais aimé qu'ils se mettent tout seuls dans une double contrainte : me dire que j'avais raison, mais qu'ils ne pouvaient rien faire… »

Cet appel à témoin se fait donc le plus souvent avec l'aide d'amis personnels vraiment très proches ou, au contraire, de personnes plus éloignées de son cercle habituel, qui auraient pu de loin assister à des scènes inappropriées : une colère auprès d'une femme de ménage de l'entreprise, une agression orale envers la baby-sitter, une discussion véhémente avec son banquier, une remarque assassine à une caissière, etc. Autant d'informations recueillies par hasard ou non, qui ne font pas office de preuves officielles, mais qui soulagent fortement la victime : elle n'a donc rien inventé !

Chercher des témoins est de surcroît efficace non seulement pour démasquer le pervers, mais également pour mettre la personne malmenée en mouvement, la convaincre qu'il existe aussi des gens sensés et lui prouver que l'union fait la force.

Cet appel, enfin, peut se trouver dans la lecture d'un essai qui permet de se dire : « À défaut de témoins, j'ai des témoignages de personnes qui, comme moi, ont vécu l'horreur et s'en sont sorties… Mon histoire est donc singulière, mais aussi universelle. »

Récolter des preuves

« Je ne fais que ça, matin, midi et soir. Je le fais avec beaucoup d'ardeur et cela me fait du bien : je sais que c'est la seule façon de m'en sortir et j'ai réalisé que c'est aussi la seule façon de me prouver que je ne suis pas anormale », constate Babette avec lucidité.

En famille, en couple, au travail, il est essentiel de recueillir des preuves d'une maltraitance morale. Soit pour s'en servir dans une procédure, soit simplement pour sortir de son anesthésie générale. Les faits, les écrits, les exemples concrets, voilà ce qui permet de mener le combat : mails, textos, lettres, messages téléphoniques, certificats médicaux, enregistrements…

Parallèlement à cette sordide récolte, la victime tente de remettre du bon sens dans ses relations inévitables avec son adversaire : elle reformule ce qui a été dit, elle récapitule par mail ou par écrit, point par point, ce qui a été prévu oralement et elle garde une copie du texte. Procédé qui fonctionne dans le couple ou dans la vie familiale, comme dans la vie professionnelle.

Fuir

> *« Je voudrais bien fuir, mais il faut attendre la fin du procès et, en plus, c'est mon frère ! soupire Babette. Pour l'instant, je m'octroie des moments de répit en coupant le téléphone, l'ordinateur, le fax, etc., et je prends du temps avec mon mari et mes enfants, ou avec les amis, et cette sensation de liberté, même provisoire, me fait du bien ! »*

Henri Laborit, philosophe et neurobiologiste, introduit ainsi son *Éloge de la fuite*[1] : « Quand il ne peut plus lutter contre le vent et la mer pour poursuivre sa route, [...] la fuite reste souvent, loin des côtes, la seule façon de sauver le bateau. »

Sauver sa peau, voilà ce qui est en jeu dans le calvaire qu'endure la victime. Elle ne peut pas lutter contre plus fort qu'elle. La fuite devient même un acte de courage. Comme aux échecs, le partenaire du pervers ne peut reprendre ses coups, même s'il s'aperçoit qu'il a commis une erreur ! Il a fait un choix irréversible... et il vaut mieux qu'il quitte la partie avant d'être lui-même échec et mat. Il serait bon que cette dérobade s'accompagne d'un renoncement à décrypter son bourreau, à rationaliser la situation pour tenter des parades intelligentes : ce que fait le pervers n'a

1. Gallimard, coll. « Folio essais », 1985.

pas de sens, sa pensée est étrangère, donc inatteignable. Sa logique est inaccessible à toute personne saine, car elle est pathologique : le moteur du pervers s'alimente d'inhumanité. Seul un pervers peut comprendre un raisonnement pervers. Plus tard en revanche, il sera pertinent de chercher sa propre part de responsabilité dans cette rencontre désastreuse.

Carole est formelle : « On peut prendre de la distance avec un chef de bureau pervers, je dirais même que c'est recommandé. Avec un époux, je préconise une seule chose : la fuite, de crainte de se laisser contaminer. »

S'échapper est très laborieux, car la victime, comme nous l'avons vu, est ankylosée et l'addiction, réciproque.

Dans le conte filmé *Peau d'Âne*[1], la fée, marraine de la princesse, écoute sa filleule terrorisée se plaindre de son père qui veut l'épouser. Et lorsque cette dernière l'implore d'un « Que dois-je faire ? », sans hésiter la sage marraine rétorque : « Déguerpir ! »

Quant à Valérie, une fois prise la décision de rompre, elle aurait voulu fuir immédiatement, mais cela était infaisable, car Bernard était venu habiter chez elle ! Elle a dû se montrer intraitable et, après de maintes mises en garde, elle lui a un jour annoncé qu'elle avait contacté un avocat et la police, qu'elle savait qu'elle était dans son bon droit et qu'elle voulait qu'il fasse ses valises. Bernard a lu la détermination dans son regard et est parti.

---

1. Jacques Demy, 1970.

Concrètement, cette fuite se doit d'être organisée. Sauf en cas de danger physique, la victime, surtout si elle a des enfants, doit trouver un refuge le plus accueillant possible. Telle une écorchée vive, elle a besoin d'un lieu protecteur, empreint de douceur et de réconfort. Cela peut être un temps dans de la famille, chez une amie. En cas d'urgence, des associations[1] sont présentes avec l'écoute et le soutien matériel nécessaires. Éviter la précipitation, c'est éviter de se faire un mal supplémentaire, mais cela ne peut s'envisager que si l'on a assez de force pour être hermétique au bourreau en se concentrant sur son nid futur.

L'inertie

> «*Je suis coincée par les statuts de la société, je fais la morte, je réduis à néant les échanges et, comme ça marche, je me demande vraiment pourquoi je ne l'ai pas fait plus tôt...*», *regrette Babette.*

Cependant, les circonstances peuvent empêcher un départ : incapacité à quitter son travail, sa maison, sa famille... Alors, il est urgent de se transformer en savonnette ou en anguille, ou mieux encore, en anguille savonneuse ! Faire le dos rond, se faufiler, se protéger, refuser le combat, sans rester inactif : inertie en présence du persécuteur, activité en l'absence de celui-ci pour préparer sa sortie.

1. Fédération nationale solidarité femmes (FNSF, tél. : 39 19).

Carole, lasse, confie : « Jacques pouvait dire ce qu'il voulait, je n'écoutais plus. J'ai cessé de répondre à ses provocations, je vivais une évasion intérieure. Un jour, il me l'a reproché : "On ne s'engueule même plus", comme si je commettais là une faute, une désertion coupable. »

Et lorsque la confrontation avec le pervers est obligatoire, la technique du disque rayé est pratique : rester calme, redire la même chose avec de plus en plus de gentillesse, résister à la tentation de discuter, de se justifier. Ne pas entrer dans son jeu qui consiste à refuser d'argumenter soi-même pour obliger l'autre à faire les demandes et les réponses. Surtout ne pas réagir aux provocations, feindre le détachement, faire le mort : le pervers déteste les morts !

Cette inertie n'échappe pas au pervers qui, comprenant que sa souris est en train de lui échapper, utilise alors une de ses armes favorites : le chantage. Mais cette fois, ce sera un chantage encore plus pervers que d'habitude : le chantage au suicide.

Armelle en a encore froid dans le dos :

« J'ai eu droit à tout : Daniel m'a dressé au fil des jours une liste exhaustive des différents moyens qu'il étudiait pour se tuer. Je restais d'autant plus impassible que je ne l'écoutais quasi pas, m'obligeant à me concentrer sur les démarches qu'il me restait à entreprendre pour partir, enfin. Bien sûr, en tant que surdoué de la perversion, il a remarqué qu'il ne m'atteignait plus, alors il a imaginé un autre supplice. Un soir, il m'a annoncé qu'il allait se tuer en voiture, il a pris ses clés, a claqué la porte et est sorti ! Là, il a fait mouche, je suis partie comme une furie derrière lui, mais c'était trop tard. De 21 heures à 23 h 15, je

me suis effondrée. J'ai essayé de l'appeler, mais évidemment, son portable était sur répondeur. Alors, j'ai fait ce que je n'avais jamais fait jusqu'alors, j'ai appelé vers 22 heures mon amie Viviane. Elle a été exceptionnelle : elle m'a dit qu'elle resterait au téléphone jusqu'à ce que Daniel rentre. Ensuite, elle a dédramatisé la situation en finissant par me convaincre qu'il n'y aurait aucun passage à l'acte et que, comme d'habitude, il s'agissait de promesses qui ne seraient « malheureusement » (disait-elle) pas tenues.

» Lorsque j'ai entendu la voiture de Daniel dans le chemin menant à la maison, j'ai raccroché (non sans avoir remercié chaleureusement mon amie) et me suis postée devant la porte. Dès l'apparition du maître chanteur, j'ai seulement énoncé, sans colère : "Tu es un grand malade, mais un malade incurable." J'ai bien vu qu'il était déçu de ne pas me voir abattue et suppliante. »

La menace de suicide est, par définition, un outil vicieux. Il l'est donc doublement lorsqu'il est utilisé par ce compagnon si mal intentionné. L'idéal serait de rester de marbre, mais ne serait-ce pas là une attitude perverse ? La victime qui a une réaction viscérale de panique face à cette pression inhumaine doit faire montre d'une grande tendresse envers elle-même. Ne pas réagir la salirait certainement. En revanche, il sera bon ensuite de signifier au persécuteur que l'inquiétude ressentie n'est aucunement un signe d'attachement à lui-même, mais une réaction saine envers tout humain qui veut attenter à sa vie. Néanmoins, une fois la rupture actée, il faut avoir le courage de couper court à tout chantage : le pervers a peur de la mort, surtout pour lui-même !

Être créatif

Babette a été étonnée de s'entendre dire à Christophe : « Tu me menaces de saisir le tribunal de commerce alors que c'est toi le fraudeur ? OK, vas-y ! » Son frère est resté muet au bout du fil et elle, impressionnée d'avoir été si audacieuse. Elle avait réagi de façon saine, pleine de bon sens et de détermination. Le résultat avait été concluant, finalement lui, l'escroc, n'avait rien tenté et c'est elle qui, plus tard, a entamé un procès.

Babette s'est montrée active et créative en osant pour une fois se confronter à son souffre-douleur, malgré la paralysie provoquée notamment par les doubles contraintes subies.

Ces doubles contraintes, comme nous l'avons souvent signalé ici, sont multiples, internes et externes, et il faut les désamorcer en priorité. Pour Paul Watzlawick[1], philosophe et psychothérapeute, on ne sort d'une boucle paradoxale (double contrainte) que par un recadrage, une lecture de la situation à un autre niveau. Pour prendre de la hauteur, la créativité et l'humour seraient puissants. Mais comment en avoir lorsqu'on est si mortifié et que toute étincelle d'imagination a été soufflée ?

« Je crois que j'ai été créative en devenant transparente, moi qui suis une vraie Méditerranéenne. J'ai appris aussi à répliquer avec les propres arguments de Bernard : un

1. Paul Watzlawick, Janet Helmick Beavin, Don D. Jackson, *Une logique de la communication* (1967), Points, 1979.

meuble, ça ne parle pas et ça ne prépare pas à manger!» rapporte Valérie.

La «métacommunication» contribue à sortir de situations en apparence insolubles. Il s'agit de communiquer non plus sur le contenu de ce qui se dit, mais sur la forme. Par exemple: «Tu me dis que tu es triste en arborant un immense sourire, ce sont deux messages contradictoires, lequel dois-je prendre en compte?» Ou: «Tu me pries de moins travailler en me remettant trois nouveaux dossiers à traiter avant ce soir. Comment dois-je gérer ces deux demandes contradictoires? Il est 16 heures, que me suggères-tu? Je m'arrête de travailler comme tu me le demandes ou je continue en m'occupant de ces nouveaux dossiers comme tu l'exiges également?»

La double contrainte étant une impasse, sa résolution arrive par ce changement de position ou d'échelle. Communiquer l'absurdité de la situation est une façon de la dépasser. Les conséquences sont multiples: rendre le manipulateur responsable de son message, ouvrir un nouvel espace de possibilités, briser l'étau de la justification, injecter de la logique dans une situation saugrenue, redonner enfin du pouvoir à la personne malmenée.

Bien sûr, le pervers va s'empresser de renvoyer l'accusation avec une pirouette dont il a le secret. Il faudra tenir bon en ressassant le même argument ou… en fuyant.

Mais être créatif peut aussi advenir, ponctuellement, avec l'écriture. «Ponctuellement», car au cœur de la tragédie, contrairement aux temps de la convalescence et de la guérison, la victime est encore souffrante avec un horizon bouché. Une lettre à elle-même peut suffire à créer un espace personnel non pollué. Car écrire, « c'est l'invention d'une conscience supplémentaire, l'acquisition d'une force pour se camper face aux autres[1] ». Et intérieurement, du moins pour l'instant, face à son bourreau.

Attaquer

Babette : « Le jour où j'ai décidé de traduire mon frère en justice, j'étais calme, comme apaisée. J'ai même appelé ma mère (mon père était décédé quelques mois plus tôt – ce dont Christophe n'a pas manqué de me rendre responsable) en lui expliquant tranquillement que je me retournais contre mon associé, mais en aucun cas contre son fils ou contre mon frère. Je savais que si on séparait les casquettes de chacun, on avait une chance de s'en sortir. »

Si la victime n'a pas la possibilité de partir, pour des raisons familiales ou professionnelles, il lui faut rechercher une riposte plus concrète et définitive : l'attaque.

Rien ne peut être fait dans la solitude et, heureusement, de nombreuses associations (voir en annexe) et sites Internet, mais aussi des avocats, le médecin de famille ou du travail, des policiers, le délégué du personnel… sont qualifiés pour accompagner les victimes de harcèlements psychologiques alarmants. Ces personnes savent le courage colossal qu'il faut déployer dans ces circonstances et soutiennent aussi

1. Boris CYRULNIK, *Le Murmure des fantômes*, *op. cit.*, p. 119.

bien le moral des victimes que les démarches concrètes à effectuer.

Valérie nous livre une métaphore très explicite : « Comme avant de monter sur un ring, attaquer, oui, mais après s'être procuré des protections solides : un coach, des protège-dents-tibias-genoux, un casque, etc. »

Les rats de laboratoire se battent pour trouver une issue dans le labyrinthe où ils sont enfermés. Celui qui ne peut réagir ni par la fuite ni par le combat dépérit. Celui qui se bat a le poil brillant… De même, si « attaquer » demande un cran et une énergie considérables, cette action offre aux victimes une sortie de léthargie, puis un pas vers la fierté. « Tant qu'on n'a pas le courage de lutter, on reste obsédé par l'ennemi. En revanche, quand on lutte, on s'aperçoit que l'ennemi, ce n'est personne[1]. » Ce combat est même le contrepoison de la haine : « La haine est ressentie par ceux qui acceptent l'impuissance et ne se révoltent pas. Quand on se révolte, on n'a pas de haine envers l'autre[2]. »

1. Miguel Benasayag, *Parcours*, *op. cit.*, p. 74.
2. *Ibid.*, p. 90.

RÉSUMÉ

Les contre-techniques

- **« On ne négocie pas avec un terroriste »**

Tel doit être le mantra des victimes !

- **Sortir du ressentiment**

Ruminations, ressentiments sont légitimes face à l'aigreur, aux remords, à la honte. Pour les apprivoiser, comprendre la perversion comme une maladie.

- **Sortir de l'isolement**

Renouer avec ses amis, ses relations, et demander de l'aide à un thérapeute, un médecin, un prêtre, des associations, etc., sont des actions salutaires. Pour éviter la culpabilisation, la victime doit d'abord faire comprendre qu'elle subit un « délit » et non un « conflit ».

- **Comprendre les réactions de son environnement**

La victime doit repérer que les réactions particulières, neutres ou rejetantes de son entourage concernent plus l'incapacité à gérer une situation délictuelle qu'elle-même.

- **Accepter le « pacte dénégatif » du groupe**

Pour préserver l'harmonie d'un groupe constitué, rejeter l'élément perturbateur (la victime qui exprime sa douleur) est chose courante...

- **Accepter la tripe peine**

Accumulation : rupture, déménagement, changement d'habitudes (courses, médecin, coiffeur etc.).

- **Trouver des témoins**

C'est indispensable mais compliqué, car le pervers agit dans l'ombre.

- **Récolter des preuves**

La victime doit se transformer en détective pour prouver le sadisme de son harceleur.

- **Fuir**

Sauver sa peau, au propre comme au figuré, doit souvent passer par la fuite.

- **L'inertie**

Lorsqu'on ne peut pas fuir, il faut se transformer en anguille savonneuse.

- **Être créatif**

C'est difficile quand on est au plus bas, mais cela peut passer par le fait d'écrire ses douleurs, de lire des essais sur la question, de marcher...

- **Attaquer**

C'est la solution, en choisissant bien le moment et surtout ses soutiens externes.

Échec et mat : la chute du bourreau

À propos des pervers, Paul-Claude Racamier déclare haut et clair : « Tuez-les, ils s'en foutent, humiliez-les, ils en crèvent[1] ! » Voici un autre mantra pour les personnes intoxiquées !

L'effondrement du pervers

Christophe a perdu le procès que sa sœur lui a intenté. Dans les minutes qui ont suivi la sentence des juges, il a submergé ses contacts et surtout ceux de sa sœur avec des mails dans lesquels il se répandait : « Babette a voulu m'assassiner, elle a gagné, je suis sous Prozac, mais le pire est à venir... Je n'ai

1. *Le Génie des origines*, *op. cit.*

plus goût à la vie… Je vais me tuer, elle l'aura voulu… » Babette a éprouvé un moment de compassion, mais son psy lui a conseillé d'attendre un peu. Effectivement, deux ans après, son frère n'a toujours pas mis fin à ses jours…

Au début de sa révolte, la victime, par sa fuite ou par son opposition, surprend le pervers et commence à le dérouter. Celui-ci ne maîtrise plus sa proie ni ses stratégies. Il se trouve soudain confronté à son inconcevable impuissance, à un futur deuil impensable. Il va jeter ses dernières forces maléfiques dans la bataille et se montrer encore plus… pervers. Il va faire appel à la compassion (maladies « incurables » soudaines), au sens du devoir (« tu ne peux pas faire ça aux enfants ! »), aux finances (« je te mettrai sur la paille si tu pars »), à la vie de l'entreprise (« sans toi, notre société va toucher le fond »), au chantage au suicide, ainsi que nous l'avons vu.

Après sa rupture avec Bernard, Valérie a été réveillée pendant une semaine, plusieurs fois par nuit, par son ex-compagnon qui la menaçait, au téléphone, d'un suicide immédiat… Compatissante mais ferme, elle le raisonnait gentiment jusqu'à l'appel suivant. Alors qu'elle s'en plaignait auprès d'un ami, celui-ci a rétorqué : « Mais qu'il crève ! Bon débarras, personne ne le regrettera ! » D'abord scandalisée, Valérie a réalisé qu'elle entretenait son harcèlement. La nuit suivante, dès que Bernard a recommencé à poser ses ultimatums, elle a répliqué : « Eh bien OK, suicide-toi ! » Et elle a raccroché, pas très rassurée. Les coups de fil ont cessé. Elle a appris incidemment que, le lendemain, Bernard avait posé quinze jours d'arrêt maladie. Un mois après, il n'était toujours pas mort.

Si la victime a assez de force, si elle a assez de personnalité, si elle est suffisamment aidée, elle poursuit sa rebuffade jusqu'au bout, résolument. Alors, elle sort de l'emprise en se positionnant comme un objet, mais cette fois un objet « apotropaïque » (du grec *apotropein*, « détourner »), c'est-à-dire qui vise à dévier les influences maléfiques, comme un crucifix pour repousser les vampires.

« C'est quoi, ton problème, qu'il reste une trace blanche sur le mur une fois ton meuble-Valérie enlevé ? » Par cette question, Valérie dit avoir mis Bernard K.-O. sur le ring dont elle parlait. Il a pris sa voiture et, en démarrant en trombe, s'est encastré dans le platane à la sortie de la maison. Sans blessure physique, avec seulement une grosse blessure d'amour-propre.

Carole émet des doutes sur l'avenir de Jacques : « Lorsque je lui ai fait part de ma décision de rompre, je l'ai vu trembler comme un enfant qui a froid. Il pleurait, semblait perdu, apeuré. Il est longtemps resté prostré dans un fauteuil du salon, hagard. Pourtant, après mon départ de la maison, il a immédiatement pris plein de "nénettes". Ce qui est humiliant pour moi, c'est qu'il parle de suicide parce qu'il a perdu son procès, et non parce que sa femme est partie ! »

Pour le pervers-vampire, cette perte équivaut à la brûlure du soleil, à une projection d'eau bénite. Il est réduit en cendres par le feu, il est dissout par l'acide. Car il n'existe pas sans l'autre, il dépend de lui. L'angoisse, la crainte du manque, la dépression narcissique le submergent. C'est la chute libre : tel Icare, grisé par son ascension pathologique, le pervers s'écroule lamentablement, au moins sur l'instant.

Francine, quarante et un ans, célibataire endurcie, s'est laissé envoûter par son chef de bureau à la poste. Depuis son arrivée il y a un an, son manager ne jure plus que par elle, prenant ses autres collaborateurs à témoin de ses compétences inégalées dans l'équipe et s'indignant de son célibat, « inconcevable pour une femme ayant autant de qualités physiques et morales ». Isolée de ses nouveaux collègues jaloux, flattée sur sa féminité, Francine est vite prise dans le piège pervers.

Sur les conseils de son médecin traitant qui la voit dépérir, elle entame alors une psychanalyse, met au jour un fantasme de fusion avec un prince charmant maternant, un manque flagrant de confiance en elle, associé à l'ambition farouche de sauver son prochain. Et puis un jour, elle a enfin le courage d'affronter celui qu'elle nomme l'« ogre ». Elle entre dans le bureau de son patron, bien décidée. Celui-ci est en pleine conversation avec une assistante. Francine propose de revenir plus tard, mais son patron, dédaigneux, s'adressant à elle en tournant la tête vers l'autre femme, lui lance : « Allez-y, puisque vous êtes là ! » Francine ne se démonte pas, même si elle est un peu tremblante : « Je souhaite vous parler de votre comportement managérial avec moi. » Pris de court, le manager fait vite sortir l'assistante. Il referme la porte et retourne s'asseoir. Francine, lisant un soupçon de désarroi dans le regard de son interlocuteur, se sent encouragée à énoncer un discours qu'elle avait longuement préparé : « Votre jeu pervers avec moi est terminé, à l'avenir je vous conseille de me respecter, je désire travailler efficacement, mais aussi sereinement. » Et elle sort.

Pas moins de dix minutes après, la secrétaire revient dans le bureau pour constater que son patron démarre une crise d'asthme aiguë. Le SAMU est alerté, et c'est sur une civière que l'« ogre », déchu, est emporté. Par l'assistante, Francine apprendra que toute l'équipe s'inquiétait du comportement abominable de leur patron envers elle, mais que son attitude à elle, Francine, avec son air buté et dissuasif, avait découragé quiconque de réagir…

Le pervers est « échec et mat »… La métaphore du « tigre de papier » est aussi appropriée : c'est la traduction littérale de l'expression chinoise « zhǐ lǎohǔ », désignant une chose apparemment menaçante, mais en vérité inoffensive.

En 1574, dans son *Discours de la servitude volontaire*, La Boétie, croyant lui aussi en l'effondrement du bourreau, exhorte les populations à suivre ses conseils pour se libérer d'un tyran et l'abattre : « Soyez résolus à ne plus servir, et vous voilà libres. Je ne vous demande pas de le pousser, de l'ébranler, mais seulement de ne plus le soutenir, et vous le verrez, tel un grand colosse dont on a brisé la base, fondre sous son poids et se rompre. »

Il faut savoir qu'il existe des cas moins nombreux où, à l'inverse, ces vampires affectifs se détachent de leur victime immédiatement, non sans un court instant de sidération. Puis dès qu'ils sont convaincus qu'ils ont perdu la partie, ils changent de vie sans un seul regard en arrière, déjà avides d'une nouvelle drogue.

Au fil des années, cet effondrement prendra une autre tournure. Les « vieux » pervers deviennent quasi inoffensifs pour les autres. En revanche, ils retournent le dard contre eux-mêmes et on peut voir ces êtres souffrir d'une hypochondrie galopante. De maladies auto-immunes réelles en cancers imaginaires, d'agonies en résurrections, ce sont les médecins successifs qui supportent un engouement initial, puis rapidement un mépris total pour leur incapacité à guérir ces fausses maladies. Le jeu du chat et de la souris se poursuit avec leur propre organisme (malade ou pas malade ?) et avec leur praticien (capable ou pas capable ?). Cette constatation relève de statistiques personnelles qu'il serait intéressant d'approfondir.

La guérison des pervers ?

« On ne devient pas pervers, on le demeure », proclame Freud.

Babette a appris par sa mère que Christophe avait ironisé sur la thérapie qu'elle avait entreprise : « Tu vois bien que c'est elle qui est détraquée ! Malheureusement, comme les psys sont encore plus fous que leurs patients, cela ne va sûrement pas l'aider ! »

Après le procès, il a hurlé à son médecin traitant, qui lui avait prescrit du Prozac et lui suggérait de consulter un thérapeute : « Plutôt crever ! »

Le pronostic d'évolution du véritable pervers demeure sombre, car il ne s'agit pas de guérir un symptôme, mais une structure : il n'est pas question de soigner une maladie, mais toute une organisation mentale. De plus, il est insensible à tout jugement, à toute morale, à toute empathie avec ses victimes. D'autre part, sa personnalité est rigidifiée, hermétique, archaïque, donc peu modifiable. Enfin, pour guérir, faut-il encore se savoir malade, ce qui est loin d'être admissible pour qui se croit tout-puissant et dédaigneux de tous. Lui, se remettre en cause ? Laissez-le rire !

Par ailleurs, une réflexion sur soi nécessite une curiosité, un amour de la vérité, une faculté d'introspection pour dénoncer sa souffrance, puis pour associer, élaborer, c'est-à-dire mettre en mots la conflictualité, symboliser : autant de missions impossibles pour ce grand malade. Impossible aussi d'être redevable de quoi que ce soit à qui que ce soit. La logique perverse est, en ce sens, en totale opposition avec une logique thérapeutique : la présence même d'un thérapeute à ses côté est un affront !

« La guérison de Bernard ? C'est utopique, c'est trop profond. À part la mort… je ne lui vois pas d'autre délivrance », affirme Valérie.

Il existe un éventuel créneau, bien étroit cependant, qui surgit lorsque la proie se dérobe. Ce moment de dépression pourrait être saisi… mais uniquement si le pervers en faisait la demande. Or, la vérité lui importe peu, seule compte son image ; il est incapable de se plier à une discipline qu'il n'a pas lui-même instaurée. En fait, le pervers ne rencontre le psychiatre que s'il s'est fait arrêter. Mais là, il n'a rien sollicité et, si le surgissement d'un sentiment d'angoisse le pousse à se livrer un peu, il reprend vite le dessus pour tenter de manipuler… le thérapeute, d'autant plus haïssable qu'il est secourable !

M. A., psychanalyste parisien, reçoit Louise pour un premier entretien. C'est une femme d'environ quarante-cinq ans, élégante – un peu trop maquillée – et altière, avec un soupçon d'arrogance dans le regard. M. A., après un « asseyez-vous, je vous en prie » et le « je vous écoute » coutumier, se met de profil par rapport à sa patiente et s'apprête à prendre des notes sur son bureau. Louise est très prolixe : « Je viens d'entamer une relation avec le fils d'une amie, il est très jeune et très amoureux, mais cette fois, c'est sérieux. Pourtant je ne suis pas une débutante, j'ai eu de nombreuses aventures… même avec des psys… hommes ou femmes, d'ailleurs. C'est moi qui ai rompu chaque fois, très vite. Le dernier psy s'est pourtant accroché, a même menacé de se suicider – on peut être psy et manquer de fierté. Mais vous, vous semblez singulier, plus mature, je me sens déjà si en confiance… » À cet instant, M. A., faisant l'hypothèse d'une structure perverse, voit venir sa patiente potentielle avec ses gros sabots aguicheurs et esquisse involontairement un léger sourire. Contre toute attente, Louise s'effondre, en pleurs. Cette attitude poussera le psychanalyste à la prendre en charge, ce qu'il se refusait généralement à faire avec des pervers. La thérapie durera un an, Louise l'arrêtera brutalement et en retiendra qu'elle peut être nuisible pour autrui. C'est tout.

Enfin, si toutefois un travail thérapeutique était envisagé, cela nécessiterait un psychiatre hors du commun, capable de résister à la manipulation du pervers. Sans mobiliser en lui des défenses légitimes, mais paralysantes pour sa fonction transformatrice. Dans cette entreprise particulièrement malaisée, où il serait vite poussé à un poste de voyeur ou bien bousculé pour inverser les rôles, un thérapeute devra savoir, avec humilité, se confronter à ses propres limites, puis y consentir. Dans l'exemple suivant, on repère avec effroi les complicités dangereuses inconscientes d'un soignant.

Armelle, courageuse jusqu'au-boutiste, ayant tout tenté pour sauver son couple avec Daniel, nous a déjà relaté son rendez-vous raté chez une sexologue. Il a précédé de peu celui chez un psychanalyste, thérapeute de couple, à qui elle expose, en présence de Daniel, le sadisme quotidien qu'elle subit et les raisons de leur visite chez une sexologue.

Elle raconte comment ce psychanalyste s'est également laissé piéger: «Il a vérifié auprès de Daniel la véracité de mes dires. Celui-ci était négligemment d'accord. Après quelques questions à chacun de nous, le psychiatre a constaté avec lucidité que notre couple ne partageait rien. À la fin d'un entretien abracadabrant où Daniel nous a fait tourner tous les deux, le psy et moi-même, en bourrique, le thérapeute a proposé de trouver une activité commune. Daniel a annoncé aussitôt, avec un sourire narquois, qu'il voudrait bien faire de la marche, mais que je n'aime pas ça. Le thérapeute s'est tourné vers moi: «Est-ce vrai, madame?» Abasourdie, j'ai contesté: «Il existe dix mille activités possibles, et Daniel choisit juste celle que je n'aime pas, ça continue!» Mais je n'étais pas au bout de mes peines, car le psy a ajouté: «Bon, vous ferez bien un petit effort, madame, c'est pour le bien de votre couple. Allez, la séance est terminée, je vous revois la semaine prochaine. Bonne balade à tous les deux!»

Armelle avoue que le déni de la sexologue ajouté à la brimade du thérapeute de couple ont eu raison de ses derniers espoirs et, sans le vouloir, ont déclenché la bonne décision: deux mois après, elle quittait le domicile conjugal.

Armelle avait opté pour une médiation, encore convaincue qu'elle pouvait traiter d'égal à égal avec Daniel. Or, dans ces situations, il n'y a pas de position égalitaire entre les deux parties, car il ne s'agit pas d'un désaccord, mais d'un homicide moral perpétré par un individu envahi de penchants pernicieux incontrôlés.

L'histoire suivante illustre à la perfection ces pulsions irrépressibles des pervers :

Un scorpion et une grenouille se rencontrent sur la rive d'un fleuve. Le scorpion demande un service insolite à la grenouille :

« Je dois absolument traverser et je me demandais si vous pourriez me prendre sur votre dos pour m'amener de l'autre côté, car malheureusement, je ne sais pas nager. »

La grenouille, dubitative, répond :

« Mais voyons, monsieur le scorpion, tout le monde sait bien que la piqûre de votre dard est mortelle et que, si je vous prends sur mon dos, je risque de périr. »

Le scorpion rétorque avec bon sens :

« Mais voyons, madame la grenouille, un tel raisonnement n'est pas digne de votre intelligence ; si je vous pique, je vais couler moi aussi, puisque je ne sais pas nager. »

La grenouille se laisse convaincre, prend le scorpion sur son dos et nage vers l'autre rive. À mi-chemin, elle sent le dard de son hôte s'enfoncer dans son dos et murmure dans un dernier râle :

« Mais pourquoi m'avez-vous piquée ? Vous allez mourir, vous aussi…

— Je le sais bien, mais c'est plus fort que moi ! » rétorque le scorpion avant de couler avec la rainette au fond du fleuve.

RÉSUMÉ

Échec et mat : la chute du bourreau

1. L'effondrement du pervers

• Lorsque la victime se révolte, fuit ou l'attaque et rompt, le pervers est surpris, dérouté.

• Il jette alors ses dernières forces maléfiques dans la bataille et se montre encore plus pervers : il fait appel à la compassion, au sens du devoir, aux finances, au chantage au suicide...

• Si la victime ne cède pas et poursuit sa rupture, le pervers s'effondre : l'angoisse, la crainte du manque, la dépression narcissique le submergent.

• Sans sa drogue, le sevrage brutal est insupportable.

• Le pervers s'écroule donc lamentablement pendant un temps plus ou moins long, mais la chute est spectaculaire... jusqu'à la prochaine proie !

2. La guérison du pervers ?

• « On ne devient pas pervers, on le demeure », proclame Freud.

• La guérison du pervers est bien compromise : il n'est pas question de soigner une maladie, un symptôme, mais une organisation interne, une structure.

• D'autre part, la personnalité perverse est rigide, hermétique, archaïque, donc difficilement modifiable.

• Pour chercher à s'améliorer, faut-il encore avoir conscience de ses problèmes, faire preuve d'une curiosité sur soi-même, d'un amour de la vérité, savoir demander de l'aide et avoir confiance en un thérapeute : autant de missions impossibles pour un pervers.

• Enfin, si par hasard un pervers se lançait dans cette aventure thérapeutique, il faudrait un psychiatre hors du commun pour ne pas se laisser embarquer dans le machiavélisme et la manipulation de cet insolite patient.

d'autres actions contre l'offenseur est éteint. Une amnistie sereine où la cessation des hostilités envers le pervers et envers eux-mêmes est proclamée. Le combat est terminé, la paix retrouvée.

RÉSUMÉ

La guérison

1. La renaissance

« Il n'y a pas d'événement plus bouleversant dans une vie que la naissance à soi-même » (Charles Juliet).

2. Le pardon

- *Se pardonner à soi-même*

Se pardonner à soi-même est fondamental pour renoncer avec humilité à un idéal de soi trop exigeant et pour consentir à ce qu'on est vraiment : un humain quelquefois faillible.

Se pardonner à soi-même, pour qui est désireux de pardonner à son bourreau, est l'acte initial afin d'y parvenir.

- *Pardonner à son agresseur*

C'est une libération, à condition de prendre son temps, de ne pas se mentir en s'imposant cet acte pour s'en débarrasser, d'accepter que ce long chemin puisse présenter des retours en arrière.

- *Ne pas pardonner*

À condition de ne pas s'ancrer dans la haine, ne pas pardonner peut tout simplement signifier qu'on tourne la page avec sérénité, qu'on décrète une amnistie et qu'on regarde à présent vers l'avenir avec plus de quiétude, car on a tiré des leçons de ce passé houleux.

Conclusion

Deux observations avant de conclure : toutes les personnes ayant vécu un rapport chaotique avec leur mère ou leur père ne deviennent pas forcément des pervers ; toutes les personnes se montrant parfois cruelles ou manipulatrices ne peuvent être immédiatement qualifiées de perverses. En raison de sa popularité, l'expression « pervers narcissique », abrégée même en « PN », est de plus en plus utilisée à tort et à travers ; or, elle désigne une pathologie tellement lourde qu'on doit l'employer avec d'infinies précautions.

Pour synthétiser les objectifs du prédateur, laissons la parole à Georges Bataille : « Sade n'eut dans sa longue vie qu'une occupation, qui décidément l'attacha, celle d'énumérer jusqu'à l'épuisement les possibilités de détruire les êtres humains, de les détruire et de jouir de la pensée de leur mort et de leur souffrance[1]. » Avec cette érotisation de la haine, ce prince des pervers sexuels reprend en partie le projet du pervers moral. Pour ce dernier, il faut ajouter la traque du point de rupture du souffre-douleur : quelle jouissance de pousser sa victime à outrepasser son éthique, sa déontologie, sa morale, son intégrité, ses valeurs, sa philosophie de vie !

Comment terminer un essai sur ces tragédies sadiques, d'une agressivité inouïe, sans réfléchir à une possible prévention ?

---

1. Georges Bataille, *La Littérature et le Mal*, Gallimard, coll. « Folio essai », 2004, p. 83.

Il faudrait en appeler aux mères pour les mettre en garde contre un accaparement tragique de leur enfant, celui-ci leur servant de « doudou », adoré ou exécré, selon leur humeur. Objet possédé qui risque de reproduire à l'âge adulte le seul mode relationnel vécu et connu, celui de la négation de l'autre, celui de la perversité.

Il faudrait en appeler aux pères pour les alerter sur leur rôle essentiel de « coupeur de cordon » entre la mère et le nouveau-né, et de porteur de la Loi. Cette position demande aux hommes du courage dans ce monde éducatif où, à présent, la complaisance se substitue souvent à une autorité responsable. Il en va pourtant de la santé mentale de leur enfant.

Il faudrait en appeler au couple parental et les convaincre qu'éduquer et séduire sont incompatibles : *educare* veut dire « conduire jusqu'au bout », tandis que *seducere* signifie « emmener à l'écart », isoler donc. L'épanouissement de l'enfant ne peut faire l'impasse sur le lien social, sans lequel un basculement dans le narcissisme est inévitable. Pour protéger leur enfant, « la seule limite au déploiement abject de la perversion ne peut venir que d'une sublimation incarnée par les valeurs de l'amour, de l'éducation, de la Loi et de la civilisation[1] ». Valeurs que seuls des parents peuvent transmettre dès le plus jeune âge, afin qu'une relation à l'autre soit possible, que l'autre soit reconnu dans sa différence et sa valeur.

---

1. Élisabeth Roudinesco, *La Part obscure de nous-mêmes*, *op. cit.*, p. 107.

Ces mises en garde sont sûrement illusoires, car aucune personne ne projette sciemment d'amener son bébé à la perversité. Alors, si ces comportements éducatifs sont inconscients, est-il possible de les prévenir? Mission d'autant plus complexe que l'environnement social semble cautionner un laxisme galopant: la Loi est de moins en moins incarnée par les éducateurs, les entreprises, les religions, les politiques. Ce déficit majeur serait-il à l'origine d'une prolifération de sujets pervers? D'après le psychiatre Dominique Barbier, «notre société, en perte de valeurs morales, est même devenue une fabrique de pervers». Selon lui, ils représenteraient 10% de la population[1]. Pour le professeur néerlandais Manfred Kets de Vries, spécialiste du leadership, leur proportion serait de 3,9%[2] au plus haut niveau dans les entreprises…

Quoi qu'il en soit, on constate avec soulagement que bon nombre des victimes se sont relevées de leur traumatisme et ont réappris à vivre en partant à la découverte d'autres amours, d'autres désirs.

«Désir»… En plagiant Henri Laborit dans son *Éloge de la fuite* et en continuant la citation déjà mentionnée, on pourrait avancer que ce chemin emprunté par les victimes vers leur guérison «permet aussi de découvrir des rivages inconnus qui surgiront à l'horizon des calmes retrouvés. Rivages inconnus qu'ignoreront toujours ceux qui ont la

1. Dominique Barbier, *in L'Express*, n° 33220, mars 2013, p. 96.
2. Manfred Kets de Vries, *in The Psychopath in the C-Suite*, en ligne sur le site de l'Insead.

chance apparente de pouvoir suivre la route des cargos et des tankers, la route sans imprévu imposée par les compagnies de transport maritime. Vous connaissez sans doute un voilier nommé *Désir*[1]... ».

1. Henri Laborit, *Éloge de la fuite*, *op. cit.*

Annexes

À quoi peut-on reconnaître un pervers ?

Sa manipulation est un but jouissif et non un moyen pour obtenir quelque chose.

1. Progression de sa stratégie

- Phase de séduction, de ferrage (« lune de miel »).
- Mise sous emprise (fascine, hypnotise, paralyse, rend addict, chosifie ; le tout tapi dans l'ombre).
- Jeu du chat et de la souris (feu/glace, présence/absence, promesse/parjure, flatteries/mépris).
- Jeu de destructivité (cherche à détruire le psychisme de l'autre, à le rendre fou).
- Si l'autre envisage la rupture, accélération du processus de dévastation.
- Au départ de l'autre, effondrement total, durable ou passager.

2. Ses attitudes

- Narcissisme (culte du moi démesuré, séducteur et charmeur en public).
- Mégalomanie (se pose comme référent absolu, suprême).
- Paranoïa (psychorigidité, méfiance exagérée).
- Vampirisation (tente de se nourrir des qualités de l'autre).
- Expulsion (fait vivre ses angoisses, ses terreurs, sa rage à l'autre).
- Jouissance (du malheur qu'il inflige, de ses jeux avec l'argent et avec la Loi).

- Insensibilité (affective, émotionnelle, haine de l'amour et des désirs de l'autre).
- Irresponsabilité (absence de culpabilité, de remords, présence de mauvaise foi).
- Immaturité (veut tout, tout de suite, pour lui seul ; égocentrique, éternel insatisfait).
- Déni (de la réalité, de ses origines, de ses angoisses, de sa... perversité).

3. Ses techniques

Leur nombre et la fréquence de leur utilisation sont des signes d'alerte.

- Refuse une vraie communication :
  - Fond : désinforme, change d'avis, reste flou, ment, a toujours raison, mimiques déplaisantes, méprisantes.
  - Forme : jargon, belles phrases vides, langage crypté, humour caustique.
- Disqualifie, attaque et culpabilise (dévalorise, dénigre, humilie, critique, rabaisse, méprise, calomnie, vise les failles, domine partout, veut tout maîtriser).
- Impose des doubles contraintes (dit ou exige une chose et son contraire, en même temps) et des doubles attitudes (Docteur Jekyll et Mister Hyde : tyrannique en privé, charmant à l'extérieur, ou l'inverse).
- Chosifie sa proie, la met sous emprise constante et l'isole (la victime est *son* objet, *sa* marionnette, *son* outil in-dis-pen-sa-ble, qu'il éloigne de son entourage).
- Suscite des envies et nie les envies connues (fait saliver, puis « oublie » toutes ses propositions, ne se souvient pas des goûts et dégoûts de l'autre).
- Pervertit l'intimité (sexualité salie dans la négation de l'autre et de l'amour).

- S'approprie ce qui appartient à autrui (idées, intérêts, circonstances, intelligence ; il le fait avec arrogance ou fausse humilité).
- Se victimise (lorsque c'est nécessaire, se fait passer pour un martyr).
- Utilise les autres (pour faire passer des soupçons et diviser un groupe).

À quoi peut-on reconnaître une victime ?

Lumineuse au début, elle s'éteint peu à peu. Elle devient déprimée, confuse et… inintéressante.

1. Son évolution

- Phase de béatitude (« lune de miel »), proclame son bonheur.
- Se fait soudain évasive sur sa vie privée, paraît dans la lune.
- Disparaît progressivement de son environnement social et familial.
- Montre des moments d'abattement, mais hésite à en parler.
- Commence à se plaindre, mais avec confusion, hésitation, doute, maladresse.
- Devient triste, irritable, nerveuse, déprimée ; maigrit, dort mal ou plus du tout, somatise.
- S'isole complètement.
- Finit par rompre et semble revivre… lentement.

2. Sa personnalité

- Généreuse, sincère, naïve, gaie, un sang « champagnisé ».
- Extravertie, sociable, intelligente et séduisante.
- Fait facilement confiance.
- Maternante, sauveur dans l'âme, bienveillante.

- Faille narcissique : manque de confiance en soi, se culpabilise facilement, désir de bien faire.
- Attend beaucoup d'une relation amoureuse, rêve de fusion, de compréhension totale.
- Se remet trop facilement en question.
- S'inscrit dans le désir de l'autre, s'oublie facilement.

3. Ses comportements et ses émotions involontaires qui la desservent

- Communication avec le pervers (cherche à se justifier, à dialoguer, à s'y confronter, à négocier).
- Participation à l'emprise (loyauté, transparence, sauvetage, s'épuise à chercher des solutions).
- Complaisance (trouve toujours des excuses à son agresseur, s'évertue à l'empathie).
- Naïveté démesurée (ne peut concevoir la méchanceté de l'autre).
- Résistance exceptionnelle (son manque de confiance en elle lui fait supporter les malveillances).
- Hésitations en raison de sentiments doubles (nostalgie de la lune de miel et répulsion).
- Incapacité à repérer les doubles contraintes infligées (chaud et froid imposés pour la rendre folle).
- Fascination (tout ce qu'elle refoule, le pervers se l'autorise : jeux avec la Loi et avec les autres).
- Illusion de contrôler la situation (alors que c'est le pervers qui tire toutes les ficelles).
- Cherche à sauver son partenaire (orgueil à être la « seule » qui le sauvera).
- Incapacité à écouter ses alertes (mal-être, malaise, épuisement, somatisations, etc.).

- Goût du sacrifice (elle perçoit les souffrances du pervers et se sacrifie pour le guérir).
- Honte excessive (se culpabilise, se déprécie, doute et s'isole de tous, ce qui accroît sa fragilité).
- Participe à la communauté de dénis (se lie à son bourreau en niant, comme lui, sa tragédie).
- Ressentiment constant (l'horreur l'enferme dans une rumination aliénante, paralysante).
- Impuissance à demander de l'aide (orgueil, honte, douleur l'enferment dans ce huis clos toxique).
- Capacité de jugement bloquée (esprit englué et pollué par la folie perverse).

Les soutiens

- Fédération nationale solidarité femmes (FNSF) : 39 19 (numéro d'écoute national et anonyme).
- Le site Internet : www.stop-violences-femmes.gouv.fr.
- Le réseau CNIDFF, Centre national d'information sur les droits des femmes et des familles : 7, rue du Jura, 75013 Paris (tél. : 01 42 17 12 00, cnidff@cnidff.fr).
- L'association Ladies Worldwide assiste les victimes de pervers narcissiques manipulateurs et leur famille (ladies.worldwide@laposte.net).
- L'association AVIP, Aide aux victimes de violences psychologiques et de harcèlement moral dans la vie privée ou professionnelle (tél. : 07 89 23 07 41).
- UNADFI, Union nationale de défense des familles et de lutte contre les dérives sectaires (tél. : 01 44 92 35 92).
- Tél. : 08 VICTIMES (chaque lettre du mot *victimes* correspond à un chiffre du clavier), soit le 08 84 28 46 37.

Bibliographie

Ouvrages

Almeida (Fabrice d'), *La Manipulation*, PUF, 2003.

Arendt (Hannah), *Les Origines du totalitarisme, Eichmann à Jérusalem*, Gallimard, coll. « Quarto », 2002.

Avril (Nicole), *Moi, Dora Maar*, Plon, 2001.

Barbier (Dominique), *La Fabrique de l'homme pervers*, Odile Jacob, 2013.

Bataille (Georges), *La Littérature et le Mal* (1957), Gallimard, coll. « Folio », 2004.

Bateson (Gregory), *Vers une écologie de l'esprit*, t. II, Points, 2008.

Baudelaire (Charles), *Les Fleurs du mal*, 1857.

Benasayag (Miguel), *Parcours, Engagement et résistance, une vie*, Calmann-Lévy, 2001.

Benoit (J.-C.), *Les Doubles Liens*, PUF, 1983.

Bergeret (Jean), *La Personnalité normale et pathologique* (1974), Dunod, 1996.

Bion (Wilfred R.), *Réflexion faite*, PUF, 1983.

Bouchoux (Jean-Charles), *Les Pervers narcissiques*, Eyrolles, 2011.

Boulouque (Clémence), *L'Amour et des poussières*, Gallimard, 2011.

Brunner (Roland), *Narcisse chez le psychanalyste*, L'Harmattan, 2007.

— , *La Psychanalyse expliquée aux managers*, Eyrolles, 2011.

Cario (Robert), Mbanzoulou (Paul), *La victime est-elle coupable ?*, L'Harmattan, 2004.

Clavreul (Jean), *Le Désir et la Loi, Approches psychanalytiques*, Denoël, 1987.

CYRULNIK (Boris), *Les Vilains Petits Canards*, Odile Jacob, 2001.

— , *Le Murmure des fantômes*, Odile Jacob, coll. « Poches », 2003.

ERICKSON (Milton H), *Ma voix t'accompagnera*, HG, 1986.

FERENCZI (Sándor), *Confusion de langue entre les adultes et l'enfant*, Petite Bibliothèque Payot, 2004.

— , *L'Enfant dans l'adulte* (1929), Payot, 2006.

— , *Réflexions sur le masochisme*, Petite Bibliothèque Payot, 2012.

FREUD (Anna), *Initiation à la psychanalyse pour éducateurs*, Privat, 1972.

FREUD (Sigmund), *Au-delà du principe de plaisir*, Payot, 2010.

— , *Trois essais sur la théorie sexuelle* (1905), Flammarion, coll. « Champs classiques », 2011.

— , *Pour introduire le narcissisme* (1914), Payot, 2012.

FUSTIER (Paul), *Les Corridors du quotidien*, Presses universitaires de Lyon, 1993.

GOSCINNY (René), UDERZO (Albert), *Astérix en Corse*, Hachette, 2003.

HIRIGOYEN (Marie-France), *Le Harcèlement moral*, Syros, 1998.

HURNI (Maurice), STOLL (Giovanna), *La Haine de l'amour*, L'Harmattan, 1996.

KAËS (René), *Les Alliances inconscientes*, Dunod, 2009.

KIPLING (Rudyard), *Le Livre de la jungle*, 1894.

KÜBLER-ROSS Elisabeth, *Accueillir la mort*, Pocket, 2002.

LABORIT (Henri), *Éloge de la fuite*, Gallimard, coll. « Folio essais », 1985.

LEVI (Primo), *Si c'est un homme*, Pocket, 1988.

MILLER (Alice), *C'est pour ton bien*, Aubier, 1984.

NASIO (Juan-David), *Cinq leçons sur la théorie de Jacques Lacan*, Rivages, 1992.

— , *Les Yeux de Laure*, Flammarion, 1995.

NAZARE-AGA (Isabelle), *Les manipulateurs sont parmi nous*, Les Éditions de l'Homme, 2004.

NORWOOD (Robin), *Ces femmes qui aiment trop*, J'ai lu, 2012.

PERLS (F.), HEFFERLINE (R.), GOODMAN (P.), *Gestalt-Thérapie, Vers une théorie du self : nouveauté, excitation et croissance*, Stanké, 1979.

PERRAULT (Charles), *La Barbe bleue*, Gallimard, coll. « Folio cadet », 1991.

PLATON, *Phèdre*, Flammarion, 1989.

PONCET-BONISSOL (Yvonne), *Pour en finir avec les tyrans et les pervers narcissiques dans la famille*, Chiron, 2003.

RACAMIER (Paul-Claude), *Le Génie des origines*, Payot, 1992.

ROUDINESCO (Élisabeth), *La Part obscure de nous-mêmes, Une histoire des pervers*, Albin Michel, 2007.

SCHNEIDER (Michel), *Big Mother*, Odile Jacob, 2002.

SEARLES (Harold), *L'effort pour rendre l'autre fou*, Gallimard, 1965.

SAIRIGNÉ (Guillemette DE), *Mille pardons*, Robert Laffont, 2006.

SERVAN-SCHREIBER (David), *Guérir*, Robert Laffont, 2003.

STASSINOPOULOS HUFFINGTON (Arianna), *Picasso, créateur et destructeur*, Stock, 1989.

STOKER (Bram), *Dracula*, Hachette, 2011.

TALINE (Audrey), *Face aux manipulateurs*, Eyrolles, 2011.

TROYAT (Henri), *Baudelaire*, Flammarion, 1994.

TYCHEY (Claude de), *Clinique des perversions*, Érès, 2007.

VAN MEERBEECK (Philippe), *L'Infamille ou la Perversion du lien*, De Boeck, 2003.

WATZLAWICK (Paul), HELMICK BEAVIN (Janet), JACKSON (Don D.), *Une logique de la communication* (1967), Points, 1979.

WATZLAWICK (Paul), WEAKLAND (John), FISCH (Richard), *Changements, Paradoxes et psychothérapie*, Points, 1981.

Filmographie

BERGMAN (Ingmar), *Sonate d'automne*, Suède, 99 min, 1978.

DEMY (Jacques), *Peau d'Âne*, France, 1 h 30, 1970.

GRANIER-DEFERRE (Pierre), *Une étrange affaire*, France, 1 h 45, 1981.

Articles

BARBIER (Dominique), *L'Express*, n° 33220, mars 2013.

BION (Wilfred R.), « Attaques contre les liens », *The International Journal of Psychoanalysis*, 1959, 40, 5-6.

CHATEAURAYNAUD (Francis), *Les Relations d'emprise, Une pragmatique des asymétries de prises*, EHESS, document de travail, version du 10 mai 1999.

DERRIDA (Jacques), « Le siècle et le pardon », *Le Monde des débats*, décembre 1999.

DOREY (Roger), « La relation d'emprise », *Nouvelle Revue de psychanalyse*, 24, 1981.

KORFF-SAUSSE (Simone), « La femme du pervers narcissique », *Revue française de psychanalyse*, 2003, 67.

LACAN (Jacques), « Le stade du miroir comme formateur de la fonction du Je telle qu'elle nous est révélée dans l'expérience psychanalytique », *Revue française de psychanalyse*, 1949.

Le Point n° 2147, 7 novembre 2013.

RACAMIER (Paul-Claude), « Pensée perverse et décervelage », *Gruppo*, Apsygée, 1992, 8.

Table des matières